시와 산문의 의미장

시와 산문의 의미장

펴낸곳 서울대학교출판문화원
펴낸이 오연천
지은이 서우석

초판 1쇄 인쇄 2011년 4월 25일
초판 1쇄 발행 2011년 4월 30일
출판등록 제15-3호

주소 서울 관악구 관악로 599 우편번호 151-742
대표전화 02-880-5252 **팩스** 02-888-4148
마케팅팀(주문 상담) 02-889-4424, 02-880-7995
이메일 snubook@snu.ac.kr
한글홈페이지 www.snupress.com
영문홈페이지 eng.snupress.com

ISBN 978-89-521-1196-8 93710

시와 산문의 의미장

서우석 지음

서울대학교출판문화원

Topos in Poems and Prose

Surh, Usoc

Seoul National University Press

머리말

이 책은 '-는' 어미의 출현을 통해 살펴본 한국어의 의미장(topos)에 대해 서술한 글이다.[1)]『시와 리듬』(1981)을 쓸 당시부터 어미 '-는'이 붙은 단어가 그 문장의 의미장을 나타내는 것이 아닌가 하는 생각을 했었다. 그러나 당시에는 시를 지탱하고 있는 리듬에 대해 집중적으로 생각하고 있었기 때문에 이 문제를 다루지는 않았다. 요즈음『시와 리듬』을 다시 한 번 읽어 보니 당시부터 그런 생각을 하고 있었다는 확신을 가질 수 있었다. 그러니 그런 생각을 한 지 30년이 된 셈이다. 오래전부터 이 문제를 생각해 왔다고 하더라도, 내 전공이 아닌 한국어의 문법 내지는 언어학적 측면인 의미장이란 제목으로 책을 쓰는 것에 대해서는 여전히 부담스런 면이 없지 않다. 그래서 이 책을 쓰는 것에 대해 약간의 변명을 하려고 한다.

『시와 리듬』이 출간된 다음 해인가 이성복의 긴 시를 어미 '-는'의 출현을 통해 분석한 글을 썼던 것으로 기억한다. 당시는 정치적으로 어려운 때였고『시와 리듬』의 전반부가 연재되었던『문학과 지성』이란 계간지가 폐간되는 등 어수선한 시대였다. 그래서인지 어느 계간지에 실었는지 기억도 나지 않고, 그 글을 잡지에 확실히 실었는지 아닌

지조차도 정확하게 기억나지 않는 상태가 되었다. 몇 년 전에 그 글을 추가해『시와 리듬』의 수정본을 출판하려고 했으나 찾을 수가 없었다. 그래서『시와 리듬』의 수정본 출간을 이리저리 미루다가 아예 '-는' 어미에 대한 책을 쓰기로 마음먹고 쓴 것이 이 책이다. 이 책의 내용을 요약하면 다음과 같다.[2)]

한국어에서 보조사, 특수조사라고 불리는 '-는, -도, -만' 등을 나는 '집합조사'라고 명명하고 싶다. '-는'은 그 앞의 단어가 전체집합을 이루고 있음을 알리는 것이고, '-도'는 그 앞의 단어가 그가 속한 집합에서 부분집합임을 알리며, '-만'은 그 앞의 단어가 그가 속한 집합에서 여집합임을 알리기 때문이다. 합집합은 '~와 ~'로 나타나며, '(바다와 구름)이'처럼 그 뒤에 다시 어미를 가져야 한다. 교집합은 '-나 -나'의 조사로 지칭되며, 교집합을 이루는 두 개의 단어가 '-나' 앞에 각각 나타나야 한다. '너나 나나 키가 똑같다'에서 두 집합의 속성이 만드는 교집합이 '키가 같다'는 내용과 연결되기 때문이다. '-부터, -까지'는 그 앞의 단어들이 속하는 집합이 순서를 지닌 정렬집합인 경우다. '너부터 시작하라'든지 '다섯까지 세어 보라'는 말은 '-부터, -까지' 앞에 있는 단어들이 순서로 정렬할 수 있는 집합의 원소라는 것을 전제로 한다. '-야'는 자신과 대립되는 대립항 하나를 포함하는 대립항 집합을 앞에 두는 것으로 보인다. 즉 '그 사람이야 가겠지'는 '가지 않는 사람이 있다'는 뜻을 함축한다.[3)]

'-는, -도, -만, -와, -나 -나, -부터, -까지, -야' 등을 집합 개념으로 봐야 하는 이유는 이 어미들이 문장의 구성성분 어디에나 붙을 수 있기 때문이다. 집합 개념으로 정리하면 더 이상의 복잡한 설명 없이 간단하게 설명할 수 있다는 장점이 있다.

어미에 대해 지금까지의 상식에서 벗어나 생각의 폭을 확장해 보면 음운적 차원에서 의미적 차원의 느낌을 얻을 수 있다. '-는'은 전체집합으로 규정하는 의미장적인 사용으로 나타나건, 명사를 형용하는 형용사의 어미인 '-ㄴ'으로 나타나건 간에 그 발음적 차원에서 벌써 '현재성, 전체성, 소유성'이라는 느낌을 준다. '-ㄹ'은 '-로'와 더불어 동사의 미래형, 목적어, 움직임의 방향 등을 나타낸다는 점에서 '미래성, 지향성, 도구성'을 함축하고 있다. 그리고 '-ㅆ'은 '-었', '-았'에서 보듯 과거의 일이라는 느낌을 담고 있다.

이런 언급을 하는 것은 한국어의 어미가 언어감각의 심층적 차원을 이루고 있다고 생각하기 때문이다. 그 심층의 차원은 위상공간을 이루고 있을 것이다. 영어 등 유럽어가 지니는 명사의 격변화, 동사의 격변화와 시제 등을 한국어에서는 어미를 하나씩 더 축적함으로써 성취해야 한다는 점을 생각한다면, 이들 어미의 어감이 언어의식의 심층에 가 닿아 있을 것이라는 짐작을 할 수 있다. 이런 의견은 들뢰즈가 말하는 바의 소음에서 말소리로 넘어가는 과정의 한 층이라고 해야 할 것이다.[4)]

내가 한국어의 어미를 집합 개념, 위상공간과 연결시켜 생각하게 된 것은 그간 음악적 공간에 대해 지속적으로 생각해 온 것과 관련이 있다. 공간에 대해서는 철학에서도 많은 이야기를 하고 있지만 어느 하나 '이것이다' 할 만한 논의가 없다. 뉴턴 역시 '절대공간'이란 개념을 설정함으로써 공간에 대한 논의를 피해 간 점이 없지 않다는 평을 받고 있다.

위상공간을 다루는 수학 이론은 19세기 중엽부터 시작되어 20세기 전반에 이르러 완성되었다. 위상공간은 위상수학의 한 분야다. 이를 일반위상수학(general topology) 또는 점집합 위상수학(point-set topology)이라고 부른다. 위상을 이해하기 위해 필요한 두 개념은 '관계'와 '연결'

이다. 관계는 두 점을 이어 선을 그렸을 때의 두 점이다. 이 점의 연결을 카르테시안 프로덕트(cartesian product, '데카르트 생산'이란 뜻)라고 칭한다. 그리고 연결을 '근방(neighbor)'이라는 개념의 도움으로 설명한다. 근방은 평면상 임의의 한 점이 항상 그 점 옆에 근방을 가지고 있다는 개념이다. 그런 개념이 필요한 이유는 점은 길이의 관점에서 그 값이 '0'이어서 아무리 모아도 선분이 될 수 없기 때문이다. 따라서 점을 모아서 선을 만들 수 없다. 그래서 점 옆에 항상 이웃의 점이 있음으로써 그 끝이 개방되어 있다고 정의한다. 그래서 이런 원소들이 모여 있는 집합을 '개집합'이라고 칭한다. 점 옆에 반드시 이웃의 점이 있다는 말은 그곳에 거리가 있다는 말과 다르지 않고, 연결이 있다는 말과도 같다. '거리'나 '연결' 대신 '근방'이라는 개념을 사용하는 것은 그것이 수학적으로 정의를 내리기가 편하기 때문이다.

그런데 점이 선이 되기 위해서는 운동이 수반되어야 한다. 종이 위에 연필로 선을 그릴 때 점을 선으로 만드는 것은 운동이다. 운동은 시간과 거리를 동시에 포함하는 개념이므로 시공간이 함께 존재하는 양상이다. 그래서 시공간을 하나의 틀로 본 상대성이론은 개념적으로는 애초에 그 가능성을 열어놓고 있었던 셈이다. 다시 말해 종이 위에 직선을 그을 때에 이미 그곳에 시간과 공간이 얽혀 있는 상대성 원리가 내재된 것이란 뜻이다. 이때 속도를 극단으로 설정하면 공간과 시간에 대한 가장 놀라운 이론인 상대성이론이 추출된다.

우리의 뇌 안에서 일어나는 언어적 감각 역시 위상수학적인 공간의 지배하에 있는 것으로 보인다. 음의 연결이 멜로디를 만들고 멜로디가 보다 큰 음악의 단위가 되는 것과 마찬가지로 언어에도 음소끼리 연결되는 위상과 음운끼리 연결되는 위상이 있고, 단어들이 모여 문장을 이루는 위상이 있다.[5] 이때 단어들이 연결되어 의미를 지니는 문장을 만들기 위해서 그 위상 관계를 결정해 주어야 한다. 이런 임무를 맡은 것이 단어 뒤에 붙는 어미들이다.

그러면 왜 위상공간이 특정하게 결정되어야 하는지 의문을 가질 수 있다. 그 이유는 언어가 외부세계의 시간적 사건이나 인과적 구조를 반영해야 하기 때문이다. 다시 말해 단어들의 위상공간이 사건의 위상공간과 구조가 같아야 하는 것이다. 물론 외부 사건이 아니라 의식 내의 사고일 경우에도 설명은 같다. 여하간 한 문장의 여러 단어들을 연결하는 것은 위상공간을 정의하는 것으로 보아야 한다. 이 책은 한국어의 어미 가운데 주로 '-는'이 포함된 문장이나 문단을 살핌으로써 시와 산문의 의미장을 검토한 새로운 시도라고 할 수 있다.

철학에서도 위상수학이 이용되고 있는 것처럼 집합과 위상공간이라는 개념을 한국어에 도입하면 문법적 요소를 보다 간단명료하게 설명할 수 있다고 생각한다. 특수조사 또는 보조사라고 불려온 '-는, -도, -만' 등을 집합이론으로 이해하는 것이 일반화된다면 나로서는 기쁜 일이다. 이 책에서 주장하는 바가 받아들여지기까지는 시간이 필요하겠지만, 집합 개념의 원용은 한국어의 어미를 설명하기 위한 보다 쉬운 방법임을 믿는다.

2011년 3월

서우석

차례

제3장 시의 의미장(1)

제4장 시의 의미장(2)

제1장 의미장 '-는'의 이해

1. 어미와 문장

한국어는 어미의 변화를 통해 문장을 구성해 나간다. 다시 말해 문장 구성단위인 단어는 그 어미에 의해 문법적 구조 안에서 기능을 얻는다. 예를 들어, '나, 오늘, 산, 점심, 먹(다)'의 다섯 단어를 연결하여 다음과 같은 문장을 만들 수 있다.

내가 오늘 산에서 점심을 먹었다.

위 문장에서 '-가, -0, -에서, -을, -었다' 등은 단어의 끝에 붙어서 그 앞에 오는 단어들의 문법적 기능을 결정한다. '오늘'에는 어미가 없으므로 '0'으로 표시했다. 이처럼 어미를 첨가하면 (행위의) 주체, 시간, 장소, 목적물, (행위의) 종류 등이 결정되어 연결이 의미를 얻게 된다. 연결은 두 단어의 관계를 뜻한다(연결은 위상공간에서 두 원소가 관계를 갖는 것으로 설명된다). 우리말에는 관계의 성격을 결정해 주는 여러 어미가 있다. 그리고 보다 섬세한 의미를 나타내기 위해 새로운 어미를 만들어 낼 가능성도 열어놓고 있다. 예를 들어, 박두진의 시 〈해〉에 그러한 어미가 나타난다. '해야, 고운 해야, 늬가 오면 늬가사 오면'에서 '늬가사'는 '늬가'와 같은 의미로 해석되지만 '-사'의 뜻은 명확하지 않다. 일종의 멋으로 첨가한 것이라고 보면 된다.

여러 어미 중 아직도 잘 정의되지 않은 어미가 '-는'이다.[6] 주석에서 설명한 '-는' 어미에 대한 일반적인 두 가지 개념은 어미 '-는'이 붙은 단어가 전체집합을 의미하는 것으로 설정하면 모두 수용된다.

몇 개의 단어를 연결하여 다시 문장을 만들어 보자. '선생님, 약, 먹(다), 주(다)'의 네 단어를 연결하여 다음과 같은 문장을 만들 수 있다.

1-0) 선생님이 약을 먹여 주다.

위 문장은 뜻을 가지고 있지만 시제가 없으므로 의미장을 만들지 못한다. 즉 '-는' 어미를 지니지 않는 '주다'는 형용사적 서술의 의미를 지닌다고 보는 것이다. 시제가 성립된 의미장이 만들어지기 위해서 '주다'는 '준다'가 되어야 한다. 즉 'ㄴ'이 동사의 현재형을 결정하여 구체적인 의미가 드러난다.

1-1) 선생님이 약을 먹여 **준다**.

'-는'은 '선생님' 뒤에도 붙을 수 있다('준다'에 첨가된 'ㄴ'도 그 모습이 '선생님' 다음에 붙는 '-는'과 다를 바 없다). 그렇게 되면 다음과 같은 문장이 된다.

1-2) **선생님은** 약을 먹여 준다.

1-2)는 다른 사람이 아닌 선생님이 먹여 준다고 하여 의미장이 특성화된(또는 좁아진) 것이다. 이 문장은 '지금 이야기하려는 바는 선생님에 관한 것이지 다른 사람에 관한 것이 아니라'는 함축을 지닌다. 다음으로 1-3)을 보자.

1–3) 선생님이 **약은** 먹여 준다.

1-3)은 선생님이 '다른 것'은 먹여 주지 않지만 '약은' 또는 '약만은' 먹여 준다는 특성화된 의미장을 확립한다. 한 번 더 자리를 옮겨 '먹여'에 '-는'을 추가해 보면 다음과 같다.

1–4) 선생님이 약을 **먹여는** 준다.

이렇게 되면 '먹여 주는 일'까지는 선생님이 하지만 그 뒤의 일, 예를 들어 '삼키는 일'은 내 몫이라는 의미장의 구체화가 일어난다. 그러나 '준다' 다음에는 '-는'을 넣을 수 없다. '주다'에 'ㄴ'이 추가되어 '준다'가 되었기 때문이다. 이와 같이 이 책에서는 '준다'의 'ㄴ'도 의미장을 결정하는 '-는'과 같은 성격의 것으로 보고자 한다. 만일 '준다'의 'ㄴ'이 의미장을 결정하는 것이라면, '주다'의 과거형과 미래형도 이에 준해서 의미장이 주어진 상태로 보아야 할 것이다.

'준다'의 'ㄴ'을 의미장을 정해 주는 '-는'과 같은 것으로 보면 두 개의 '-는'이 한 문장 안에 나타나는 셈이다. 한 문장 안에 '-는'이 두 번 출현하면 의미장의 기본 형태를 갖추게 된다. '-는'을 추가하여 다른 문장을 만들어 보자.

2–0) 내가 오늘 집에 일찍 돌아오다.

2–1) 내가 오늘 집에 일찍 돌아온다.

2–2) **나는** 오늘 집에 일찍 돌아온다.

2–3) 내가 **오늘은** 집에 일찍 돌아온다.

2–4) 내가 오늘 **집에는** 일찍 돌아온다.

2–5) 내가 오늘 집에 **일찍은** 돌아온다.

2–6) 내가 오늘 집에 일찍 **돌아는** 온다.

2-0)에는 '-는'이 없고, 2-1)에는 동사에 'ㄴ'이 들어 있다. 그리고 2-2)에서 2-6)까지의 문장에는 '온다'의 'ㄴ'을 포함해서 두 개의 '-는'이 나타난다. 섬세한 의미의 차이에 대해서는 긴 설명이 필요하지 않을 것이다. 간단히 설명하면 다음과 같다. 2-2)에는 '나는 돌아오지만 같이 와야 할 누군가에 대해서는 잘 모르겠다'는 뜻이 포함되어 있고, 2-3)에는 '오늘은 집에 일찍 오지만 내일은 잘 모르겠다'는 뜻이 포함되어 있다. 2-4)에는 '집에는 일찍 오지만 저녁을 함께 먹는지에 대해서는 알 수 없다'는 뜻을 포함할 수 있고, 2-5)에는 '집에 일찍 오지만 그것을 제외한 어떤 다른 일이 있을 수 있음'을 내포한다. 2-6)에는 '돌아오긴 하지만 그것을 빼고는 말할 수 없다'는 뜻을 포함한다. 예를 들어 시장에 들러서 무엇을 사오라는 부탁에 대해서는 확답할 수 없을 때 이와 같이 쓸 수 있다.

다음과 같이 한 문장에 '-는'이 세 개 이상 나타날 수 있다.

2–3+6) 내가 **오늘은** 집에 일찍 **돌아는** 온다.

위의 문장은 2-3)과 2-6)이 합쳐진 것이라는 뜻으로 2-3+6)으로 표시했다. 그 의미장도 2-3)과 2-6)이 합해진 것으로 보아야 할 것이다. 부연하자면, '내일은 어떨지 모르고 시장을 봐 올지는 모르지만 오늘은 일찍 돌아오긴 한다'는 뜻이다. 이 경우 이미 의미장이 어느 정도 모호해진 것이다.

이처럼 한 문장에 '-는'이 세 개 이상 나오면 의미장은 불명확하게 된다. 전부에 적용되는 경우에는 하나에도 적용되지 않는 것으로 바뀌기 때문이다. 즉 동사를 제외한 다섯 개의 단어 중 하나를 강조해야 효과가 크지, 다섯 개 모두를 강조하면 하나도 강조하지 않은 것과 같은 결과가 되는 것이다. 여기서 강조는 다른 단어에 대한 강조, 즉 상대적 강조이기 때문이다. 예를 하나 들어 보면 2-2+3+4+5+6)과 같다 (여기서 2-1)을 뺀 것은 그것이 의미장의 기본이기 때문에 강조가 없는 상태라고 보기 때문이다).

2-2+3+4+5+6) **나는 오늘은 집에는 일찍은 돌아는 온다.**

즉 위의 문장이 드러내는 의미장은 바보 같은 의미장이 되어 문장 전체의 뜻을 기늠할 수 없게 된다.

2. 두 개의 시

의미장에 대한 자세한 설명을 하기 전에 '-는'이 술부에 한 번만 나오는 시 한 편과 두 개의 '-는'이 한 문장에 나타나는 또 한 편의 시를 살펴보기로 한다. 두 명의 시인을 예로 든다. 먼저 이성복의 〈남해 금산〉과 〈그 날〉이다.

〈남해 금산〉

한 여자 돌 속에 묻혀 **있었네**
그 여자 사랑에 나도 돌 속에 **들어갔네**
어느 여름 비 많이 오고
그 여자 울면서 돌 속에서 **떠나갔네**
떠나가는 그 여자 해와 달이 **끌어 주었네**
남해 금산 푸른 하늘가에 나 혼자 **있네**
남해 금산 푸른 바닷물 속에 나 혼자 **잠기네**

'ㄴ다'가 현재형이라고 할 때에 술부의 '있었네, 들어갔네, 떠나갔네, 주었네, 있네, 잠기네'는 모두 그와 동격인 과거형이다. 따라서 '-는'의 자격으로 의미장을 제한하는 기능을 가진 것으로 볼 수 있다('잠기네'도 '잠긴다'의 변형이므로 'ㄴ'의 출현으로 보아야 한다). '-는'의 기능을 가진 단어를 모으면 다음과 같다.

있었네	(있다)	← 여자가
들어갔네	(들어간다)	← 나도
떠나갔네	(떠나간다)	← 여자가
끌어 주었네	(끌어 준다)	← 여자를, 해와 달이

있네 (있다) ← 내가
잠기네 (잠긴다) ← 내가

여기서 화살표로 연결된 '여자가'는 '있다'의 의미장에 연결가능한 단어다. '있다', '간다' 등 술부(형용사, 동사)의 주격이 되기 때문이다. 또한 '여자를'은 '끌어 주었네'에 부수적으로 연결된다. 즉 목적어가 동사와 연결되기 위함이다(이 부분에 대해서는 2장에서 설명한다). 이 시의 문장은 모두 술부 외의 다른 곳에 '-는'이 나타나지 않아서 의미장이 덜 결정된 상태에 머문다.

여기서 하나 더 부언해 보자. 위의 괄호 안의 '간다', '준다', '잠긴다' 등 어미 'ㄴ'을 가진 단어들은 '있다'와 같은 계층에 있다. 다시 말하면 '있다'의 자리에 '인다'가 있어야 하는 것이 아닌가 하는 생각을 할 수 있다는 말이다.[7] 그렇다면 '있다'는 '이다'의 현재형의 의미를 지니는 의미적 연결을 가지고 있는 것이 아닐까? 이 문제는 후에 다시 생각해 보겠다.

〈남해 금산〉은 의미장을 최대한 개방하고 있다. 그 이상으로 개방하는 것은 문장의 성립을 저해하기 때문에 불가능할지도 모른다. 다시 말해 다음과 같은 시가 되기 때문이다. 어미를 조금 수정하고 '있다'를 '인다'로 보고 그 원형인 '이다'를 사용하여 다시 써 본다. 이렇게 고친 시는 가능한 모든 상상의 세계를 끌어들일 수 있다는 점에서 원래의 시보다 더 의미개방적이다.

한 여자 돌 속에 묻혀 **이다**
그 여자 사랑에 나도 돌 속에 **들어가다**
어느 여름 비 많이 오고

그 여자 울면서 돌 속에서 **떠나가다**
떠나가는 그 여자 해와 달이 **끌어 주다**
남해 금산 푸른 하늘가에 나 혼자 **이다**
남해 금산 푸른 바닷물 속에 나 혼자 **잠기다**

이제 이 시와는 달리 한 문장에 '-는'이 여러 번 나오는 〈그 날〉을 보기로 하자.

〈그 날〉

그 날 **아버지는** 일곱 시 기차를 타고 금촌으로 떠났고
여동생은 아홉 시에 학교로 갔다 그 날 어머니의 낡은
다리는 퉁퉁 부어올랐고 **나는** 신문사로 가서 하루 종일
노닥거렸다 **전방은** 무사했고 **세상은** 완벽했다 없는 것이
없었다 그 날 **역전에는** 대낮부터 창녀들이 서성거렸고
몇 년 후에 창녀가 될 **애들은** 집일을 도우거나 어린
동생을 돌보았다 그 날 **아버지는** 미수금 회수 관계로
사장과 다투었고 **여동생은** 애인과 함께 음악회에 갔다
그 날 퇴근길에 **나는** 부츠 신은 멋진 여자를 보았고
사람이 사람을 사랑하면 죽일 수도 있을 거라고 생각했다
그 날 태연한 나무들 위로 **날아 오르는 것은** 다 새가
아니었다 **나는** 보았다 잔디밭 잡초 뽑는 여인들이 자기
삶까지 솎아내는 것을, 집 허무는 사내들이 자기 하늘까지
무너뜨리는 것을 **나는** 보았다 새점치는 노인과 변통(便通)의
다정함을 그 날 몇 건의 교통사고로 몇 사람이
죽었고 그 날 시내 **술집과 여관은** 여전히 붐볐지만
아무도 그 날의 신음 소리를 듣지 못했다
모두 병들었는데 아무도 아프지 않았다

아버지는	⟵ (일곱 시, 기차, 금촌) ⟶		떠났다
여동생은	⟵ (아홉 시, 학교) ⟶		갔다
다리는	⟵ (어머니의, 낡은) ⟶		부어올랐다
나는	⟵ (신문사, 가다, 하루 종일) ⟶		노닥거렸다
전방은	⟵ ⟶		무사했다
세상은	⟵ ⟶		완벽했다, 없는 것 없었다
역전에는	⟵ (대낮, 창녀들) ⟶		서성거렸다
애들은	⟵ (집안일, 돕다, 어린 동생) ⟶		돌보았다
아버지는	⟵ (미수금 회수 관계, 사장) ⟶		다투었다
여동생은	⟵ (애인, 음악회) ⟶		갔다
나는	⟵ (멋진 여자, 죽일 수도 있을 거) ⟶		보았다, 생각했다
날아오르는 것은	⟵ (새가) ⟶		아니었다
나는	⟵ (보다, 솟아내는 것) ⟶		보았다
나는	⟵ (무너뜨리는 것) ⟶		보았다
술집과 여관은	⟵ ⟶		붐볐다
~도	⟵ (아무도 듣지 못했다, 아무도 아프지 않았다) ⟶		도~

이 시의 모든 문장에서 '-는'이 두 번 나와 보다 확정적인 의미장을 만들고 있다. 뿐만 아니라 장소, 시간, 수단 등을 나타내는 어미가 총동원되어 의미장을 축소하고 또 축소하려는 노력을 보여 준다. 의미장을 좁힌 문장은 산문에서 찾아볼 수 있다. 그래서 이 시는 내용뿐만 아니라 글의 스타일에서도 산문적이다. 예를 들어 첫 부분은 다음과 같은 네 개의 문장으로 이루어져 있다.

3-1) 그날 아버지는 일곱 시 기차를 타고 금촌으로 떠났다

3-2) 여동생은 아홉 시에 학교로 갔다

3-3) 그날 어머니의 낡은 다리는 퉁퉁 부어올랐다

3-4) 나는 신문사로 가서 하루 종일 노닥거렸다

3-1)에는 날짜, 시간, 교통수단, 장소가 명시되고 3-2)에는 시간과 장소, 3-3)에는 날짜, 주어와 상태, 그것의 소유자가 명시되어 있다. 3-4)에도 장소와 시간이 드러나 있다. 이로 보아 의미장의 축소 또는 구체화를 가능한 한 강하게 추구했다고 볼 수 있다. 이러한 의미장은 독자의 상상력을 감금하고 더 이상 발버둥질 칠 수 없는 상태로 몰아간다. 이와 같은 구체성은 뒤 이은 모든 문장에서도 나타난다.

'~도 ← (아무도 듣지 못했다, 아무도 아프지 않았다) → 도~'로 표시한 부분은 이 두 문장이 이 시의 다른 모든 문장에 대해 개집합적 기능을 가지고 있음을 보여 주기 위한 것이다. '-도'는 부분집합을 알리는 의미장이고 '아무'는 공집합을 뜻한다. 그리고 '아무도'의 서술부에는 부정의 뜻을 지니는 말이 와야 한다.

다음에 살펴볼 기형도의 〈나의 플래시 속으로 들어온 개〉와 〈노인들〉은 '-는'의 유무에서 대조를 보인다.

〈나의 플래시 속으로 들어온 개〉

그날
너무 캄캄한 길모퉁이를 돌아서다가
익숙한 장애물을 찾고 있던
나의 감각이, 딱딱한 소스라침 속에서
최초로 만난 事象, 불현 듯
존재의 비밀을 알아버린
그날, 나의 플래시 속으로 갑자기, 흰

〈노인들〉

감당하기 벅찬 **나날들은** 이미 다 지나갔다
그 긴 겨울을 견뎌낸 **나뭇가지들은**
봄빛이 닿는 곳마다 기다렸다는 듯 목을 분지르며 떨어진다

그럴 때마다 내 나이와는 거리가 먼 슬픔들을 **나는** 느낀다
그리고 그 **슬픔들은** 내 몫이 아니어서 고통스럽다

그러나 부러지지 않고 죽어 있는 날렵한 **가지들은** 추악하다

〈나의 플래시 속으로 들어온 개〉에는 서술부에서조차 '-는'이 한 번도 나타나지 않는다. 앞서 〈남해 금산〉의 서술부를 고쳐 '-는'이 없는 개방된 의미장을 만들어 보았지만, 여기서는 없애 버릴 '-는'이 보이지 않는다. 그런 점에서 '있던, 만난'은 가짜 의미장이다. '흰'은 바로 그런 점에서 멋있는 가짜이며 의미장적 환상이다. 처음부터 '-는'으로 규정되는 의미장을 거부한 것이다. 그러나 〈노인들〉에서는 조금 다르다. 모든 문장이 '~는 ... 는다'의 의미장으로 구체화되어 있다. 이를 정리해 보면 다음과 같다.

나날들은	지나갔다
나뭇가지들은	떨어진다
나는	느낀다
그 슬픔들은	(고통스럽다)
가지들은	(추악하다)

〈나의 플래시 속으로 들어온 개〉의 메시지는 '어느 순간, 깨닫는,

있음'에 담겨 있다. 그리고 그 색깔이 '흰' 것이고 닫힌 의미장 내에 포함될 수 없음을 함축한다. 한편 〈노인들〉은 구체적인 것을 드러낸다. 노인들의 슬픔이 내 것일 수 없음에 대한 탄식과 '죽었지만 떨어지지 않는 날렵한 노인들'에 대한 자신의 감정인 '추악함'이다.

3. 의미장에 대한 기본적 이해

위상공간은 수학이 설명하는 바의 공간이다. 문장의 의미 형성을 논하면서 공간을 말해야 하는 이유는 의미 형성이 두 단어의 연결을 전제로 하기 때문이다. '연결'은 위상수학이 말하는 공간의 본질적인 요소다. 거꾸로 말하면 단어의 연결이 이루어지면 그곳에는 위상적 공간이 생긴다. 물론 단어의 연결이 위상공간과 무관하다고 생각할 수 있다. 그럴 경우 단어의 연결과 의미장의 형성을 위상수학의 언어로 설명하지 않을 따름이라고 말해야 할 것이다.

이제 앞서 말한 문장을 예로 생각해 보자. 간결함을 위해 2-0)의 예문에서 '일찍'을 없앴다.

2-0) 내가 오늘 집에 돌아오다.

위 문장의 단어 연결을 순서적으로 나열하면 다음과 같다.

2-00) 나 오늘 집 돌아오~

'돌아오~'는 뒤에 아직 어미가 없다는 뜻이며, '~'는 어미를 당기고 있는 개집합을 표시하는 기호다. 시간 순서적 공간을 뛰어넘은 문법적 연결은 다음과 같이 설명할 수 있다.

집 (장소)
\
나 ———————————— 돌아오다
/
오늘 (시간)

{나, 집, 오늘}이 모두 {돌아오다}와 연결되어 있다. 수학의 집합론에서는 집합의 원소를 표시할 때에 { } 안에 원소를 나열하여 표시한다. 수학적 논의를 하는 것이 아니긴 하지만, 필요한 경우에 { }를 사용하기로 한다. 위 그림의 단어들은 다음과 같은 모습으로 집합 내의 원소를 이룬다.

{ •(내가)•, •(오늘)•, •(집에)•, ~(돌아온다)• }

{ }은 그 안에 집합의 원소가 있음을 나타내고 '•(내가)•'는 이것이 집합 내의 원소임을 나타낸다. '(내가)'에서 단어를 괄호로 닫은 것은 '내가'가 하나의 문장 구성단위임을 나타내며 '•'는 폐집합을 뜻한다. '~(돌아온다)•'는 이것이 문장 구성단위라는 사실과 그 앞이 개집합임을 뜻한다. '~(돌아온다)•'를 자세히 표기하면 다음과 같다.

~(•돌아~ •온~ •다)•

'•돌아~'와 '•온~•다'는 그 내부의 개/폐집합의 관계를 나타낸다(이는 2장에서 설명할 것이다). 2-00)의 '나 오늘 집 돌아오~'의 집합은 아직 단어 연결이 이루어지지 않는 상태이고, 2-0) '내가 오늘 집에 돌아오다'는 종결어미는 있지만 아직 시제를 얻지 못함으로써 의미장이 성립되지 않은 상태다.

의미장을 만들기 위해서는 'ㄴ'이 첨가되어야 한다. 즉, 동사의 경우 시제는 의미장의 필수 요소다. 그리고 형용사가 서술어일 경우 시제가 없이 상태를 나타내므로 주어가 특칭되어야 한다. 예를 들면 다음과 같다.

내가 산에 가다. → 내가 산에 **간다**. 내가 산에 **갔다**.

하늘이 푸르다. → **그곳의** 하늘이 푸르다. **오늘** 하늘이 푸르다.

그래서 2-0)의 문장은 종결된 문장이지만, 아직 의미장이 성립되지 않은 상태라고 해야 한다. 여기서 우리는 동사의 현재형이 가장 기본적인 의미장의 조건이 됨을 인식해야 할 것이다. 한국어 문법에서는 동사와 형용사를 '용언'이라고 칭한다. 술어가 형용사인 경우는 뒤에서 설명하겠다.

4. '내가'와 '나는'의 차이

'내가 간다'와 '나는 간다'의 차이는 무엇일까? 그것은 이 문장이 어떤 질문에 대한 답인가를 생각해 보면 알 수 있다. '내가 간다'는 '누가 가는가'에 대한 답이고, '나는 간다'는 '너의 행동은 무엇인가'를 묻는 질문에 대한 답이다. 도표화하면 다음과 같다.

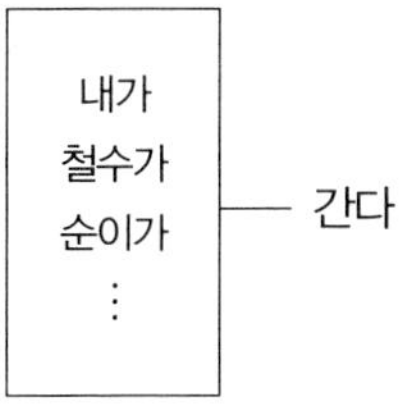

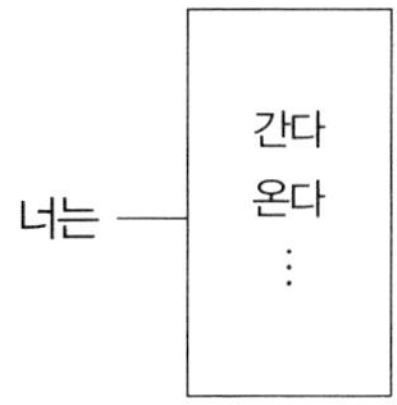

왼쪽 그림은 '간다' 앞의 사각형에서 한 항목을 선택해서 답해야 하고, 오른쪽 그림은 '너는' 뒤의 사각형에서 한 항목을 선택해서 답해야 한다. 다시 말하면, '내가 간다'는 '철수가 간다', '순이가 간다'의 선택에 대해 열려 있다. 반면에 '너는 간다'는 '너는 안 간다', '너는 온다' 등의 선택에 대해 개방되어 있다. 이렇게 보면 사각형은 계열체(paradigm)를 담는 상자나 다름없다. 반대로 '간다'와 '너는'은 사각형과 통합체(syntagm)적인 관계에 있다. 이 '간다'와 '너는'은 사각형 안의 요소들과 위상관계에 있다.

그러면 '나는 간다'의 경우 동사 '간다'에 대한 주어가 있는 것인가 없는 것인가 하는 의문을 품을 수 있다. 이 경우에는 주어가 숨어 있다고 생각해야 할 것이다.[8] '나는'에서 '는'을 제외했을 경우 '내가 간다'의 '나'와 일치하여 주어를 연상하게 할 따름이다. 즉 주어는 숨어 있다. 이는 다음과 같이 의미장을 바꾸어 보면 분명해진다. '빨리는 간다'고 할 때 '빨리는'은 의미장이며 주어와는 상관이 없다. 주어 자리에 의미장을 놓으면 된다. 도표화하면 다음과 같다.

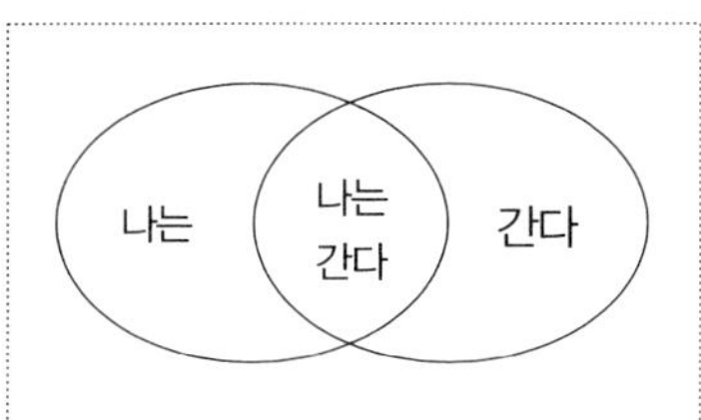

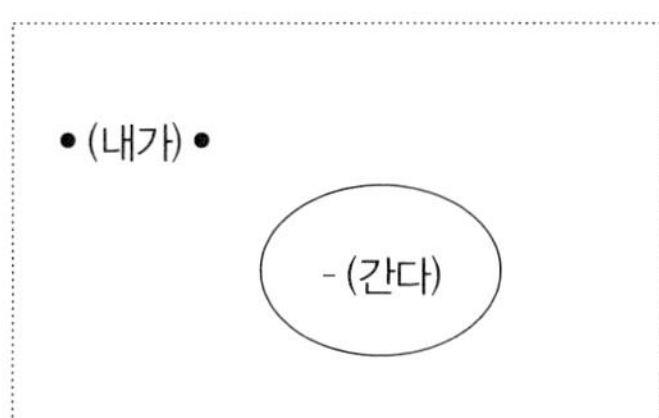

5. 형용사의 경우

여기서는 서술부가 형용사인 경우를 살펴볼 것이다.[9)]

[형용사]	[동사]
4-00) 바다가 푸르	5-00) 해가 오르
4-01) 바다가 푸르다	5-01) 해가 오르다
4-02) 바다가 푸른다 (x)	5-02) 해가 오른다
[4-02) 바다가 푸르다]	
4-03) 바다는 푸르다	5-03) 해가 오르다 말고 (오르다 쉬고)

4-00)과 5-00)은 아직 어미가 첨가되지 않아 연결이 이루어지지 않은 상태다. 4-01)과 5-01)은 '푸르다'와 '오르다'가 형태적으로 동일하여 아직 품사의 구별이 이루어지지 않은 상태다. 그러나 'ㄴ'이 첨가되면 4-02)는 문장이 성립될 수 없고 5-02)는 문장이 성립된다. 4-02)에 이르면 우리의 언어적 심층의 의식이 이를 받아들이지 않는다. 따라서 '푸르'와 '오르'가 다른 범주에 속하며 4-02) 자리에는 '바다가 푸른다' 대신에 '바다가 푸르다'가 와야 한다. 그러면 이제 우리는 '바다가 푸르다'가 5-02)와 동격임에도 불구하고 5-02)는 완전한 의미장을 가지지만 '바다가 푸르다'는 왜 완전한 의미장을 지니지 못하는가를 이해해야 할 것이다.

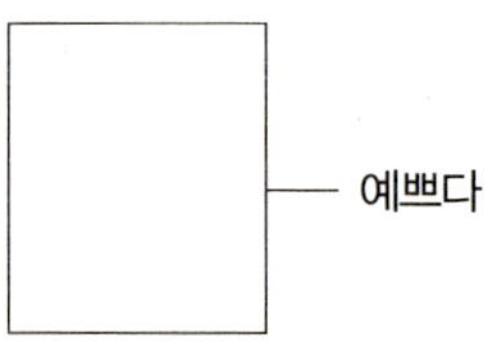

위 사각형 안에는 '꽃이, 나무가, 토끼가 …' 등 여러 단어가 올 수 있다. 말하자면 계열체적 선택이 가능한 단어들이다. 그러나 이 단어들은 폐집합의 원소이고 '예쁘다' 역시 아직 어미에 '-는'이 첨가되어 있지 않아서 개집합일 수가 없다. 다시 말하면, 이 원소 역시 폐집합이다. 그러므로 둘은 연결되지 못한다. 이것은 동사의 경우에서도 같았다. '가다'는 앞의 계열체 내의 한 원소를 잡아당겨 연결할 권리를 갖지 못한다. '간다'가 됨으로써 개집합의 원소가 되고 비로소 계열체 안의 한 항목을 끌어와 연결할 수 있는 힘을 지니는 것이다.

'바다가 푸른다'는 성립하지 않지만, '푸른데'는 성립한다. 이때 이를 설명하기 위해 '푸른' 뒤에 '다'가 올 수 없기 때문이라고 생각해서는 안 될 것이다. '푸른다'의 경우 '른'과 '다'가 이어질 수 없다는 규칙은 우리 언어의 심층에 존재하는 듯하다. 표면층에서는 {푸른~, • 다}로서 개집합과 폐집합의 원소가 당연이 결합할 수 있어야 하기 때문이다. '푸르다'는 행위가 아니라 상태이므로 '가다'와는 다른 범주에 속하는 것이다.

제2장 어미와 위상공간

1. 위상의 이해

여기서 우리는 위상수학이 정의하는 위상공간을 이해하고 이를 우리말의 의미장에 적용하는 문제를 살펴보기로 한다. 위상에 대한 정의는 다음과 같다. 아래의 정의 가운데 (2)와 (3)은 지금 우리의 논의와는 관계가 없는 항목이므로 깊이 생각하지 않아도 된다.

X가 임의의 집합이고, T가 X의 부분집합들로 이루어진 집합족으로 아래의 조건을 만족시킬 때, T를 X상의 위상(topology)이라고 한다.

(1) X와 Ø(공집합)이 T에 속한다.
(2) T에 속하는 임의의 두 원소의 교집합이 T에 속한다.
(3) T에 속하는 임의 개의 원소들의 합집합이 T에 속한다.

여기서 T에 속하는 X의 부분집합을 T개집합 또는 간단히 개집합이라고 하고 순서쌍(X, T)을 위상공간(topological space)이라고 한다.

'(X, T)의 원소들의 연결(순서쌍)이 위상공간'이라는 말을 정확히 이해해야 한다. X집합의 원소들은 폐집합이고 T집합의 원소들은 개집합이므로 서로 연결될 수 있다. 이에 대한 설명을 해 보자.

0센티미터에서 1센티미터에 이르는 하나의 선분이 있다고 하자. 이 선분을 구부려서 원을 만들려고 할 때에 양쪽 끝은 폐집합이므로 서로 붙지 않는다. 그러나 선분의 한쪽 끝이 개집합이면, 즉 1이 아니고 0.9999…일 경우 두 끝은 연결되어 원을 만들 수 있다.

다른 예를 들어 보자. a, b 두 선분의 양 끝이 모두 폐집합이면 두 선분은 연결될 수 없다. 그러나 a의 한쪽 끝이 개집합이고 b의 양쪽 끝이 폐집합이면 둘은 연결되어 a+b의 길이를 갖는 선분이 된다. a의 양쪽 끝이 모두 개집합이라면 a의 양쪽 끝은 b의 폐집합 양쪽 끝과 연결되어 원을 만들 수 있다. 그러나 a, b선분 모두 양쪽 끝이 개집합이면 서로 연결할 수 없다.

2. 단어와 어미의 집합

어미가 없는 단어를 양쪽이 폐집합으로 이루어져 있는 선분이라고 생각해 보자. 또한 편의를 위해 X집합의 단어들은 양쪽이 폐집합인 선분이고 T집합의 어미들은 한쪽이 개집합인 선분이라고 생각하자.

X집합

나무, 산,
너, 나,
밝, 푸르

T집합

(이)가, (을)를, 에서,
(으)로, 까지,
의, (으)로서,
(은)는 0(공집합)

명사와 대명사를 중심으로 단어 양 끝의 폐/개집합 상태를 살펴보자. 폐집합을 '•'로 표시하고 개집합을 '~'로 표시한다. 단어의 양쪽이 폐집합일 경우 '•나무•, •산•'으로 표시한다. 그리고 어미는 연결되기 위해 필요한 앞쪽이 개집합이면 '~(이)가•, ~(을)를•, ~(이)다•'로 표시한다.[10]

X집합	T집합
•나무•, •산•, •너•, •나•	~가•, ~를•, ~에서•, ~로•, ~까지•, ~의•, ~로서•, ~다•, ~0(공집합)•, [는]

X집합과 T집합의 단어들을 연결하여 '나무가', '너를', '산에서', '나까지', '너의' 등의 단어와 어미가 연결된 문장 구성단위(선분)를 만들 수 있다. '아주'나 '너무'는 공집합과 연결됨으로써 어미 없이 문장 구성단위가 된다. T집합에 있는 '-는'에 대해서는 이후에 살피기로 하고 [는]으로 표기하여 잠시 보류한다. 우선 간단히 설명하면 다음과 같다. '나무는'처럼 폐집합인 앞의 단어와 연결된 다음에도 문장 구성성분 단위로 볼 때 개집합이 되는 경우는 '~(나무는)~'으로 표시하기로 한다. 이 개집합은 문장의 모든 구성단위 하나하나에 대해 결합력을 발휘한다.

'가(다)'와 '먹(다)' 등의 동사는 만날 수 있는 어미가 제한된다. 만날 수 있는 어미는 동사를 위한 어미들이다.

동사

X집합	T집합
•가•, •먹•, •뛰•, •날•	~다•, ~0(공집합)•, ~를•, ~니•, ~고•, ~는•, ~지•

여기서 '~는•'은 '가는', '먹는'처럼 뒤에 명사를 수반해 이를 형용하는 역할을 하며 시제는 현재다. 그리고 이에 상응하는 '갈', '먹을'은 미래시제의 역할을 한다. 여기에 표시하지 않았지만 '~ㅆ~'과 'ㅆ던' 등은 '갔다', '먹었다', '갔던', '먹던'과 같이 쓰여 과거시제 역할을 한다. 위의 동사의 어간 뒤에 종결어미인 '-다'가 오면 '가다', '먹다' 등과 같이 문장이 종결된다. 따라서 '-다'는 그 앞이 개집합인 '~다'여야 한다. 그러나 '갈'과 '먹을'은 개집합이지만 '갈다'나 '먹을다'처럼 쓸 수 없고 '갈 것이다'와 같이 불완전명사를 추가하거나 '-ㄹ래'라는 종결어미를 사용하여 '갈래'와 같이 써야 한다.[11] 동사 '가(다)'가 공집합의 어미와 만나는 경우는 '가?'이다.

형용사

X집합	T집합
•밝•, •가늘•, •넓•, •푸르•	~다•, ~0(공집합)•, ~는•

형용사의 어간에도 종결어미인 '~다'가 붙어서 '밝다', '가늘다', '넓다', '푸르다'는 문장 내 단위가 되며, 현재시제의 종결이다. '~는•' 다음에 명사가 와서 '밝은 아침, 넓은 평야' 등의 구절을 만든다.

부사

X집합	T집합
•아주•, •아직•, •빨리•, •너무•	~다•, ~0(공집합)•, [~는~]

부사 뒤에도 '-다'가 와서 '아직이다'와 같이 쓸 수 있다.[12] 부사에 '-는'을 연결하여 '빨리는 못 와요'라는 문장을 만들 수도 있다. 부사에 '-는'이 붙을 경우 의미장으로 바뀐다. 부사의 경우는 좀 더 생각해 볼 문제가 있다.

'•아주•' 또는 '•빨리•'의 경우 '-는'이 첨가된 동사나 형용사가 앞에 오는 것을 거부한다. 따라서 '뛰는 아주', '많은 빨리' 등은 성립되지 않는다. 부사가 어미를 갖지 않을 경우에 부사의 어미가 공집합이고 이 공집합이 개집합이라고 한다면, 부사가 뒤의 형용사를 수식하는 기능을 설명할 수 있다. 즉, '아주'가 '좋은'에 직접 연결되기 위해서 '아주~'의 모습이라고 생각하는 것이다. 이렇게 생각하면 '아주'와 '좋은' 사이에 눈에 보이지 않는 '~(0)~'이 숨어 있음을 인정하는 것이다.[13]

부사는 폐집합을 이룰 수도 있다. 그래서 '~는~'의 어미를 가진 의미장의 자격을 지닌 문장 구성단위가 나타나면 부사의 단위와 직접 연결될 수 있다고 보아도 될 것이다. 예를 들면 다음과 같다.

봄에는 꽃이 자주 핀다.

위의 문장을 구성단위의 개/폐집합를 표시해서 다시 쓰면 다음과 같다 '~(봄에는)~'은 이 문장의 다른 구성성분과 직접 연결되는 것으로 보아야 할 것이다. 아래 두 경우 모두 가능한 해석이다.

(A)
~(봄에는)~
•(꽃이)• •(자주)• •(핀다)•

(B)
~(봄에는)~
•(꽃이)• •(자주 핀다)•

'~(봄에는)~'은 문장 구성단위로서 다른 모든 구성단위에 연결될 수 있다. (A)의 경우 '•(자주)•'가 '~(봄에는)~'과 직접 연결된다. (B)의 경우 '•(자주 핀다)•'가 한 덩어리의 문장 구성성분이 된다.

종결어미

양쪽 끝이 모두 개집합인 '~는~'을 생각하기 전에 '~다'를 먼저 생각해 보자. '간다', '먹는다'의 경우 다음과 같은 폐/개집합의 관계로 이루어진 것이라고 보아야 할 것이다.

(가•) + (~ㄴ•) + (~다)
(먹•) + (~는•) + (~다)

즉 (개 + 폐)의 연결이 잘 이루어지고 있다. 이제 과거형과 미래형을 살펴보자.

간다, 갔다, 갈 것이다, 갔었다

위 형태들의 개/폐집합을 표시하면 아래와 같다.

간다	(가•)+(~ㄴ•)+(~다)
갔다	(가•)+(~ㅆ•)+(~다)
갈 것이다	(가•)+(~ㄹ•)+(•것•)+(~이다)
갔었다	(가•)+(~ㅆ•)+ (~었•)+(~다)

형용사 다음에 나타나는 종결의 '다'를 살펴보자.

밝다
넓다
푸르다

이 경우는 '(밝•)+(~다)', '(넓•)+(~다)', '(푸르•)+(~다)'의 형태로 앞서의 '(사과•)+(~다)'와 다를 바 없다. 역시 여기서는 '다'의 앞이 개집합(~다)이다. 형용사가 사용된 용언의 과거형과 미래형을 생각해 보자.

밝았다
넓었다
푸르렀다

위 과거형은 '(밝•)+(~았•)+(~다)'의 모습이며 '넓었다'는 '(넓•)+(~었•)+(~다)'이다. '푸르렀다'는 '(푸르•)+(~ㄹ~)+(~었•)+(~다)'가 된다. 미래형을 보면 다음과 같다.

밝을 것이다
넓을 것이다
푸를 것이다

'(푸르•)+(~ㄹ~)+(•것•)+(~이다)'로 쓰여 동사의 미래형과 같은 개/폐집합의 모양을 보인다. 여기서 우리는 종결어미 '다'가 폐집합일 경우 일반명사의 역할을 할 수 있지 않을까 하는 생각을 해볼 수 있다.

다 먹고 없어요? – 그게 다입니다.

위 예문에서 존칭을 생략하면 '다 먹고 없어?'와 '그게 다다'가 된다. '다다'에서 명사인 앞의 '다'는 종결어미인 '-다'와 같은 뜻의 말로 우리의 언어 심층에 존재하는지도 모른다. 즉 '종결이다'는 의미를 담고 있다고 생각해 보자는 것이다. 물론 '다 먹었다', '우리 모두 다 모여서' 등에서 '다'는 부사다. 명사와 부사의 '다'가 종결어미와 모습이 같다는 점을 한번 틀에서 벗어나 생각해 본 것이다.

완전한 기능을 하지 못하는 명사인 '것' 앞에는 시제의 제한 없이 뒤쪽이 개집합인 단어가 온다.

갈 것이다.	푸를 것이다.
간 것이다.	푸른 것이다.
갔던 것이다.	푸르렀던 것이다.

3. 상위의 T집합

앞서 X집합과 T집합의 원소들 간에 순서를 이루어 단위가 생겼음을 보았다. 여기서는 이를 위상공간적 단위로 살펴볼 것이다.

나무는, 나무가, 나무를 …

푸른, 가는, 간, 갈 …

갔, 자주 …

이 단어들의 개/폐집합을 표시하면 다음과 같다.

•나무는 ~

•나무가•, •나무를•

•푸른 ~, •가는 ~, •간 ~, •갈 ~

•갔~, •자주•

이 가운데 폐집합이 있고 개집합의 꼬리를 가진 것이 있다. 폐집합과 개집합을 분리해 모아서 이를 각각 X1, T1집합이라고 하자.

X1집합	T1집합
•나무가•, •나무를• •자주•	~나무는~ •푸른~ •푸른~, •가는~, •간~ •갔~

위 집합을 다시 한 번 개/폐집합으로 정리하여 양쪽 끝이 모두 개집합인 것을 구분하면 다음과 같다. 이를 X2, T2집합이라고 하자.

X2집합	T2집합
•(나무가)•, •(나무를)• •(자주)• •(푸른 바다)•, •(가는 사람)• ~(간다)•, ~(갔다)•	~나무는~

이렇게 되면 T2집합에는 뒤에 오는 명사를 수식하는 '~는(ㄴ)'을 제외한 '~는~'을 지닌 구성단위만 남는다. 이 개집합 T2는 문장을 구성하고 있는 모든 폐집합 단위와의 연결을 함축하는 의미장이다. 이것이 우리가 앞에서 설명한 의미장으로서의 '-는'이다. '~(나무는)~'처럼 양쪽이 개집합임을 표시한 이 단위가 문장의 모든 폐집합을 지배하는 의미장이다. 앞의 예와 비슷한 문장을 다시 예로 들어 보자.

> **나는** 어제 걸어서 학교에 갔다.

이 문장을 개/폐집합을 표시하여 다시 나타내면 다음과 같다.

> ~(나는)~ •(어제)• •(걸어서)• •(학교에)• ~(갔다)•

앞서 말했듯이, '~(나는)~'은 문장의 모든 구성단위와 연결을 함축한다는 뜻에서 다음과 같이 표시하는 것이 나을 것이다.

~(나는)~

•(어제)• •(걸어서)• •(학교에)• ~(갔다)•

이제부터 의미장인 개집합을 '~( )~'으로 표시하겠다. 이 개집합은 문장 내의 모든 구성요소가 폐집합적 단위를 만든 다음에도 혼자만 개집합으로 남는 단위로, 어느 곳에 삽입되어도 관계가 없다.

나는 어제 걸어서 학교에 갔다.
어제 **나는** 걸어서 학교에 갔다.
어제 걸어서 **나는** 학교에 갔다.
어제 걸어서 학교에 **나는** 갔다.

심지어 구어에서는 종결어미 뒤에 나타나는 경우도 있다.

어제 걸어서 학교에 갔어 **나는**.

그리고 이 의미장은 화자가 원하는 곳에 지정할 수 있다.

어제는 내가 걸어서 학교에 갔다.
학교에는 어제 내가 걸어서 갔다.
내가 어제 학교에 **걸어서는** 갔다.

위의 문장 구성단위의 순서는 구어상 또는 문법연결상 편안한 위치를 만들기 위해 조정한 것이다. 주로 앞에 의미장을 위치시켰다. 끝 문장은 '걸어서'와 '갔다'의 연결을 쉽게 하기 위해 '걸어서' 뒤에 놓았다. 그러나 이렇게 조정하지 않아도 큰 문제가 생기지는 않는다.

4. '-는, -도, -만'

학교 문법에서 '-도'와 '-만'을 '-는'과 같은 자격에 속하는 보조어미 또는 특수어미로 규정하는 것은 이들이 '-는'처럼 문장의 여러 구성성분에 첨가될 수 있기 때문이다. 앞서 예로 든 문장인 '내가 오늘 집에 일찍 돌아온다'에 '-도'와 '-만'을 넣어서 예시해 보면 다음과 같다.

나도 오늘 집에 일찍 돌아온다.
내가 **오늘도** 집에 일찍 돌아온다.
내가 오늘 **집에도** 일찍 돌아온다.
내가 오늘 집에 **일찍도** 돌아온다.
내가 오늘 집에 일찍 **돌아도** 온다.

나만 오늘 집에 일찍 돌아온다.
내가 **오늘만** 집에 일찍 돌아온다.
나도 오늘 **집에만** 일찍 돌아온다.
나도 오늘 집에 **일찍만** 돌아온다.
나도 오늘 집에 일찍 **돌아만** 온다.

위의 예문을 보면 '-는'과 마찬가지로 모든 문장 구성성분의 어미에 '-도'와 '-만'이 첨가될 수 있다. '일찍도 돌아온다'는 어색하다고 생각할 수 있지만, 의미 차원의 문제인 것으로 보이며 '빨리도 뛴다'는 어색함 없이 성립된다. '돌아도 온다'가 어색할 경우 '먹어도 본다'를 생각해 보면 그것이 불가능한 연결이 아님을 알게 된다. '빨리만 뛰어온다'는 표현이 성립되는 것으로 보아, 다음의 '일찍만 돌아온다' 역시 부자연스럽지만 문법적으로 불완전한 것은 아닐 것이다.

그러면 이제 '-는', '-도', '-만'의 집합논리적 성격을 살펴보기로 한다. 집합논리라는 말이 어렵게 들릴 수 있으나 그 논리는 단순하다. 영어에는 '-는'을 표현할 방법이 없기 때문에 'I'라는 단어를 대문자로 쓰고 앞에 내세워서 그것이 의미장임을 강조하기도 한다. 그러나 그 방법은 뚜렷하게 드러나는 방법이 아니다. 그래서 'It is I that ...'이라든지 'It is me that ...'로 쓰기도 한다.

'-도'는 'too', 'also' 등의 단어로 대체되어 문장의 적절한 곳에 들어가게 된다. '-만'은 'only'나 'even'으로 쓰일 수도 있다. 'even'은 '-까지도'에 상응한다. 벤다이어그램을 그리면 다음과 같다.

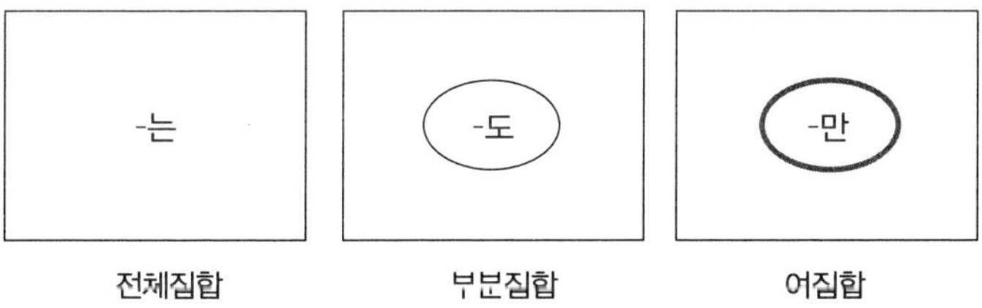

위의 그림에서 어미 '-는'이 붙은 단어의 의미가 전체임을 말한다. 전체집합은 영어로 'universal set'로, '그것 외에는 없음'을 뜻한다. 즉 한 단어에 어미 '-는'을 첨가하면, 이 단어를 전 우주로 본다는 전제하에 말하는 것이다. 이를 벗어난 것에 대해 이야기하지 않음을 뜻한다. 반면 '-도'의 경우 '다른 것들도 그러하지만 이것도 그러하다'는 뜻을 함축하므로 다른 것들이 포함된 세계를 전체집합으로 설정하는 것이다. '-만'의 경우가 여집합인 것은, '-만' 이후의 문장이 긍정이라면 전체집합은 부정이고 전체집합이 긍정이면 '-만' 이후의 문장은 부정문이 되어야 함을 보면 알 수 있다.

세 집합 '-는', '-도', '-만' 앞에 오는 단어가 동사 또는 형용사인 경우 선어말어미가 추가되면 '-며는(면)', '-기도', '-지도', '-기만', '-지만' 등이 된다. 그래서 '가면', '가기도', '가지도', '가기만', '가지만' 등과 '푸르면', '푸르기도', '푸르지도', '푸르기만', '푸르지만'이 성립된다.

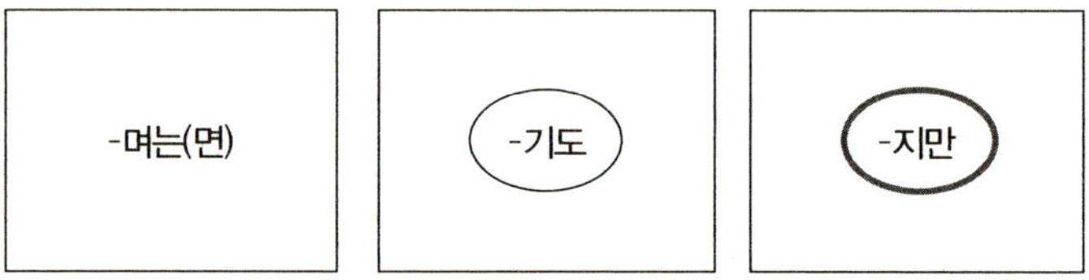

전체집합 부분집합 여집합

정리하면 다음과 같다. '-면'의 앞에 주어부가 붙어서 부문장의 모습을 갖추며 그 문장이 '전체집합'의 성격을 띠게 되어 전제조건의 의미를 함축한다. '-기도'는 그 앞의 내용이 부분집합임을 뜻한다. '-지도'는 그 앞의 내용이 부분집합을 뜻하며 그 뒤에 나타날 의미 차원의 부정적 서술을 암시한다. 따라서 '내가 집에 갈지도 모른다'는 가능하지만 '내가 집에 갈지도 안다'와 같은 서술은 불가능하다. 이는 '-지-'라는 선어말어미 때문일 것이다. '가기만'과 '가지만'은 그 앞의 문장이 '여집합의 의미장'이다. 이 경우 '내가 집에 가기만 한다'와 '내가 집에 가지만, 잘 알 수 없다'는 문장에서 보듯 '-지-'라는 선어말어미가 그 뒤에 의미 차원의 부정 서술을 전제하는 것으로 보인다. '-기만, -지만'처럼 그 앞에 오는 단어가 여집합일 경우 'c(　)~'로, '-기도, -지도'처럼 그 앞에 오는 단어가 부분집합일 경우 's(　)~'로 표시하고 '-며는'처럼 전체집합의 경우 '~(　)~'로 표시한다.

이번에는 시조를 분석해 보겠다.

일지춘심을 자규야 알랴마는
다정도 병인 양하여 잠 못 들어 하노라

{c [(일지춘심을 자규야 알랴마는)]~,
s [(다정도)~, • (병인 양하여)•]~, ~(잠 못 들어 하노라)•}

초원 장제에 해 다 져 저무르니
객창에 잔등 돋우고 앉아 보면 알리라

{•(초원 장제에 해 다 져 저무르니)•
~(객창에 잔등 돋우고 앉아 보면)~ ~(알리라)•}

'-도'가 부분집합이기 때문에 생기는 재미있는 문구가 '가도 가도 끝이 없다'든지 '먹어도 먹어도 남아 있다'는 말이다. 이를 벤다이어그램으로 그리면 다음과 같다.

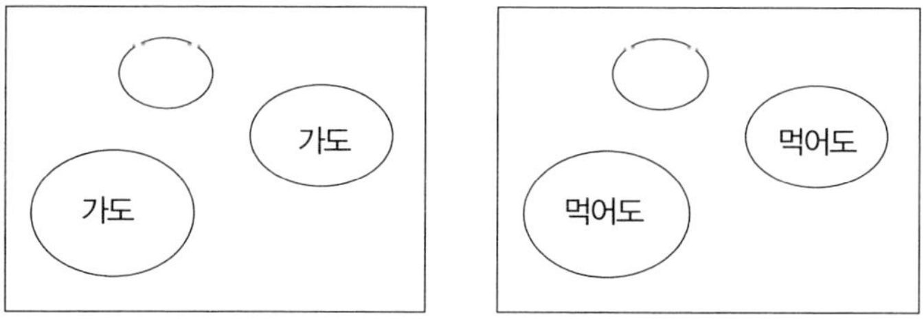

'가도 가도'나 '먹어도 먹어도'는 집합 개념으로 보면 그 뜻이 재미있게 이해된다. 왼쪽 사각형 집합은 가야 할 곳이 다 모인 전체집합이고 '가도'는 부분집합이다. 두 개의 부분집합을 설정해도, 즉 '가도 가도' 아직도 또 하나의 부분집합이 남아 있다는 뜻을 서술함으로써 '가도 가도 끝이 없다'는 의미를 만들어 낸다. '먹어도 먹어도' 역시 그렇게 설명될 수 있다.

여기서 '아무도 없다'의 의미가 정해지는 과정을 잠깐 살펴보겠다. '아무'의 사전적 의미는 다음과 같다.

> 어떤 사람을 특별히 정하지 않고 이르는 인칭 대명사.
> 흔히 부정의 뜻을 가진 서술어와 호응하나, '나', '라도'와 같은 조사와 함께 쓰일 때는 긍정의 뜻을 가진 서술어와 호응하기도 한다.

'아무나 들어간다', '아무라도 간다' 등에서 '-나'는 '개나 소나'라고 할 때 '또는'의 의미를 갖는 어미이므로 '-도'와는 뜻하는 바가 다르다. '-라도' 역시 '너라도'에서 보듯 '너의 경우에'의 뜻을 지닌다. 그러나 '아무도'는 '아무'에 '-도'가 첨가된 것으로서 지정되지 않았음이라는 집합 내의 부분집합을 뜻함으로써 공집합의 의미를 갖는다. 지정 않음의 부분집합은 공집합이다. 즉 '(0)이 간다'는 '(0)이 안 간다'와 같은 뜻이다. 영어에서는 'Nobody go'가 된다. 영어에서는 'No'에 부정의 뜻이 보이기 때문에 다시 부정의 표현이 올 필요가 없다. 공집합 개념을 설정하면 설명이 까다로운 여러 문제를 해결할 수 있다.

이런 공집합 설정은 '뿐만 아니라'에서도 나타난다. '뿐'은 그 집합에서 유일한 선택을 말하는 것이다. 그래서 '너뿐이라'에서 보듯 '-뿐이라'는 성립한다. '너뿐이라도 기다려라'에서 가능하다. 그러나 '만'은 여집합이므로 유일한 선택 내의 공집합이 된다. 따라서 '너뿐만이다'는 잘못된 사용이며, '너뿐만 아니다'가 바른 사용이다.

5. 의미장의 정의

'-는, -도, -만'의 사용

1) '-는'은 문장의 모든 구성성분 뒤에 첨가될 수 있다.
   '-는'은 앞의 단어를 **전체집합**으로 설정한다.

2) '-도'는 문장의 모든 구성성분 뒤에 첨가될 수 있다.
   '-도'는 앞의 단어를 **부분집합**으로 설정한다.

3) '-만'은 문장의 모든 구성성분 뒤에 첨가될 수 있다.
   '-만'은 앞의 단어를 **여집합**으로 설정한다.

(주격, 목적격 등에 첨가될 경우 그 어미는 생략된다. 서술부에 '-는'이 이미 첨가된 것으로 본다.)

여기서 우리는 '-는', '-도', '-만' 외에 '-나'도 같은 어미가 아닌가 생각해 보아야 한다. '-나'의 경우는 사용방법에 따라 의미에 다양한 변화가 생긴다. 그러나 기본적으로 '-나'는 '너나 나나'라든지 '이거나 저거나' 하는 식으로 두 개의 단어가 나열되어 사용된다. 그리고 이 두 단어가 교집합을 이룬다. '너나 나나 밥을 잘 먹는다'라든지 '이거나 저거나 마찬가지다' 등이 가장 기본적인 용법이다. 즉 둘의 교집합이 서술부와 만나는 것이다. 그런데 '너나 가라'고 하면 '내가 간다는 사실은 고려하지 말고 행동하라'는 뜻이 된다. 두 개의 '-나'가 나타나 교집합을 이루는 것이 정상인데, 하나만 제시함으로써 의미장을 변화시킨 것으로 해석할 수 있다.

교집합

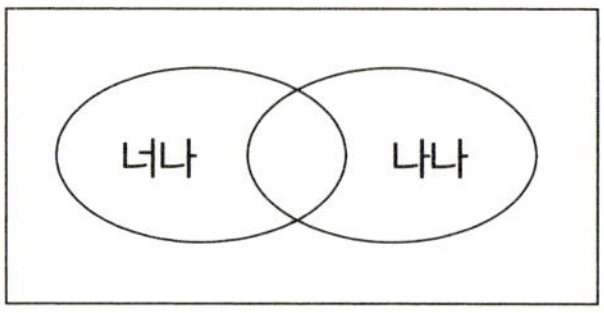

교집합 대상을 생략

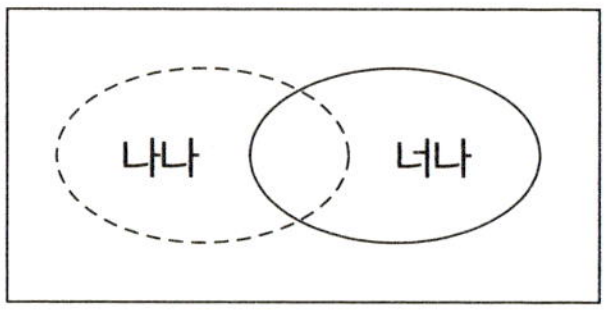

'-나'도 문장 구성단위 어디에나 첨가될 수 있다. 예를 들어 '내가 오늘이나 내일이나 학교에 간다'가 기본형이고 교집합을 생략하면 '내가 내일이나 학교에 간다'로 바뀐다. 그렇다면 '-나'도 앞의 의미장 정의에 다음과 같이 4)번으로 추가되어야 할 것이다.

> 4) '-나'는 문장의 모든 구성성분 뒤에 첨가될 수 있다.
> 기본 모습은 교집합을 만들기 위해 쌍(-나, -나)으로 나타나야 한다.
> (주격, 목적격에 첨가될 경우 그 어미는 생략된다.)

지금까지 전체집합, 부분집합, 여집합, 교집합을 설정하는 의미를 찾아보았다. 그러면 이제 합집합은 어떻게 되는가 하는 의문이 생길 것이다. 합집합은 다음과 같이 나타난다.

너와 나는 간다.
오늘 학생들이 들과 산으로 소풍간다.
이 개는 빨리 많이 먹는다. [이 개는 빨리 그리고 많이 먹는다]

밑줄 친 부분이 합집합이다. '와'가 합집합은 만든다는 것은 우리의 언어감각으로 너무도 당연하고, 그 어미는 더 이야기할 필요 없는 평범한 모습이다. 두 개의 부사가 합집합을 이룰 경우 '와'가 생략되는

데, 이는 부사가 어미를 수반하지 않는 특성에 기인하는 것으로 보인다. '빨리'와 '많이' 사이에 '그리고'를 넣는 것에서 '와'를 거부하는 속성을 엿볼 수 있다. 이를 자세히 표기하면 다음과 같다.

(너와 나)는 간다.
오늘 학생들이 (들과 산)으로 소풍간다.
이 개는 (빨리 많이) 먹는다. [이 개는 (빨리 그리고 많이) 먹는다]

'-부터'와 '-까지'

여기서 또 하나의 어미인 '-부터'와 '-까지'를 집합의 논리로 살펴볼 필요가 있다. 우리는 '-부터'와 '-까지'를 보통 거리나 시간과 관련된 의미를 나타내는 어미로 인식하고 있다. 그러나 다음의 예문을 보면 이 역시 상당히 포괄적으로 사용됨을 알 수 있다.

나부터 먼저 학교에 간다.
나는 **오늘부터** 학교에 간다.
나는 오늘 **학교부터** 간다
내가 오늘 학교에 **가기부터** 한다.

나까지 학교에 간다.
나는 **오늘까지** 학교에 간다.
나는 오늘 **학교까지** 간다.
내가 오늘 학교 **가기까지** 한다.

'-부터'와 '-까지'는 앞의 단어가 정렬집합일 경우에 무작위로 첨가될 수 있다. 정렬집합은 집합 내의 원소가 순서를 이루고 있는 집합이다. '나부터'는 '나', '너', '그' 등의 순서가 있음을 가정하기 때문에 '-부터'를 첨가할 수 있다. '오늘부터' 역시 '오늘', '내일', '어제' 등의 정렬집합이 전제가 된다. '학교부터'도 가야 할 여러 곳이 모여 있는 정렬집합을 전제로 함으로써 그 의미가 뚜렷해진다. '-까지'도 마찬가지로, '나는 오늘 학교까지 간다'는 말은 여러 군데의 갈 곳이 정렬집합 내에 있지만 '오늘은 학교까지 간다'의 뜻으로 해석될 수 있다. 그러나 그것이 '어디까지 갑니까?'라는 질문에 대한 답이라면 '학교까지 간다'는 거리 개념으로 나타난다. 이 경우 거리 개념 역시 '한 정거장, 두 정거장'이라든지 '100미터, 200미터'라는 순서가 있는 정렬집합의 원소들로 이루어진 것으로 보아야 한다.

간단히 말하면 '-부터'와 '-까지'는 정렬집합을 이루는 원소들의 뒤에 붙고, 그 의미는 정렬집합을 가정함으로써 발생한다. 다음의 예를 보자.

나와 약속**까지** 했는데…

이 말은 '약속'이 정렬집합의 원소임을 전제할 경우 의미를 갖는다. 풀이하자면 '지나가는 말, 우연히 한 말, 가정법으로 한 말' 등 여러 순서가 내재되어 있고, 그것들 중에 어느 단계에 있는 '약속까지'의 뜻으로 해석되어야 함을 함축한다. '나와 약속부터 했는데'도 마찬가지로 앞의 단어가 정렬집합의 요소임을 전제할 경우 의미를 지닌다.

그러면 부사에는 '-부터'와 '-까지'의 어미가 붙을 수 없는가를 생각해 보자. 그 역시 앞의 단어가 정렬집합이라는 전제에서 의미를 발생시킬 수 있다.

빨리**부터** 뛰어라.

'빨리'가 정렬집합 내에 있다면 위의 언급은 의미가 있는 문장이 될 수 있다. 즉, '아주 느리게, 느리게, 빨리, 조금 빨리, 아주 빨리' 등의 순서가 있는 정렬집합을 화자와 청자가 공유하고 있다면 말이 된다. 다시 말해 '-부터'와 '-까지'는 그 앞의 단어가 정렬집합 내의 원소라는 실재, 가정 또는 합의에 의해 전제될 때에 첨부 가능한 어미다.

5) '-까지, -부터'는 문장의 모든 구성성분 뒤에 첨가될 수 있다.
단, 그 앞의 말이 정렬집합일 경우 가능하다.
(주격에 첨가될 경우 주격 어미는 생략된다.)

여기서 '아직까지'를 살펴보자. '-까지'는 '아직'이라는 부사의 어미가 된다. '아직까지' 뒤에는 부정의 서술이 와서 '아직까지 오지 않았다'와 같이 쓰인다. 그러나 긍정서술이 불가능한 것은 아니다. '아직까지 일하고 있다'가 그 예다. 그렇다면 '-까지' 앞에 나타나는 정렬집합의 원소인 '아직'은 그 정렬집합의 맨 끝을 가리키는 단어라고 설명할 수 있다. 그래서 '아직부터'는 성립하지 않지만 '아직까지 오지 않았다'와 '아직까지 오고 있다'는 성립하는 것이다.

'아직'이 정렬집합의 끝 원소를 가리키는 단어라면, 정렬집합의 시작을 가리키는 단어는 '처음'이다. 따라서 '처음부터'는 가능하지만 '처음까지'는 불가능하다. 그러나 '처음'이나 '끝'은 폐집합인 하나의 점을 가리키는 반면, '아직'은 개집합으로 수렴되는 끝을 가리킨다.

'-기, -지'의 사용

동사나 형용사의 어미에 '-는, -도, -만'을 첨가하기 위해서는 '-기, -지' 등의 선어말어미가 삽입된다. 예를 들면 다음과 같다.

먹기는, 먹기도, 먹기만 —— (하고!!) (안 하고??) 긍정 서술이 지배적
곱기는, 곱기도, 곱기만 —— (하고!!) (안 하고??) 긍정 서술이 지배적
먹지는, 먹지도, 먹지만 —— (않고!!) (하고??) 부정 서술이 지배적
곱지는, 곱지도, 곱지만 —— (않고!!) (하고??) 부정 서술이 지배적

동사와 형용사에 '-는, -도, -만'이 첨가되기 위해서는 동사나 형용사가 명사화되어야 하므로 그 사이에 '-기'가 삽입된 것이다. 그 다음에 오는 어미 '-는'은 전체집합, '-도'는 부분집합, '-만'은 여집합을 지시하며 긍정 서술을 이끈다. 물론 부정 서술이 나타날 수 있다고 고집할 수 있지만 더 자연스러운 부정 서술을 만들기 위해 그 앞에 '-지'가 삽입되어야 한다. '-지'가 어간('먹-', '곱-')과 '-는, -도, -만' 사이에 삽입될 경우 그 뒤에는 부정 서술만이 올 수 있다. 따라서 '-지'는 공집합을 뜻하는 것으로 보아야 한다.

'-기, -지' 등의 선어말어미가 앞 단어의 집합 내적 성격을 결정함으로써 뒤에 오는 서술의 긍정/부정을 결정한다는 것은 '-기, -지' 등과 앞 단어집합의 위상관계로 설명하는 것이다. 그러나 '가기는 한다'나 '-가지는 않지만'에서 보듯 '-기, -지'가 앞으로 나타날 서술부의 집합과 연결되는 위상적 성격을 지니는 것으로 설명할 수도 있다. 후자와 같이 설명할 경우 '미래지향의 위상공간'이라고 칭해야 할 것이다. 즉 의미장 안에 가까운 미래가 들어와 있어서, 현재 안에 미래가 지향되

어 있음을 뜻하는 것이다. 우리의 일상적 언어감각으로는 후자가 더 자연스러울지도 모르나 언어수행의 의식에서 과거와 현재의 결정성이 더 지배적이라고 한다면 전자의 의견을 소중하게 생각해야 할 것이다.

전자의 방법으로 설명하면, '-기'는 전체집합, 부분집합, 여집합, 교집합(예: '오기나 가기나'는 '오거나 가거나'로 변형됨)을 지시하고, '-지'는 공집합을 지시한다. '가지 않고'에서 볼 수 있듯이 '-지'는 원래 동사를 부정형으로 만들기 위해 삽입된 어미다. 여기서도 '-지'가 '가다'를 공집합화한 것으로 보아도 무방하다. 다르게 설명하면, '먹지'와 '않고' 사이에 '-는, -도, -만'이 삽입된 것으로 볼 수 있다. 과거로 설명할 것이냐, 미래로 설명할 것이냐의 선택은 어느 이론이 더 간결한가에 달려 있다.[14)]

'-야'의 사용

이처럼 종결어미를 지닌 서술부 외의 다른 구성성분 어디에나 첨가될 수 있는 어미로 '-야'를 들 수 있다. 예문을 통해 살펴보자.

> **나야** 오늘 일찍 학교에 간다(가지만)
> 내가 **오늘에야** 일찍 학교에 간다(가지만)
> 내가 오늘 **일찍이야** 학교에 간다(가지만)
> 내가 오늘 일찍 **학교에야** 간다(가지만)
> 내가 오늘 일찍 학교에 **가기야** 한다(하지만)

위 예문에서 '간다'보다 '가지만'이 더 의미적으로 안정된 느낌을 주는 것은 '-야' 앞에 오는 단어의 집합적 성격 때문이다. 어미 '-야'는 그 앞 단어의 집합이 나타난 단어의 대립항을 함축하는 집합으로 설정된다. 다음 예문을 통해 살펴보자.

너야 모르겠지만	———	{너 아닌 사람, 너}
오기야 하겠지만	———	{오지 않음, 오기}
산에야 가지만	———	{산 아닌 곳, 산}

'너야, 오기야, 산에야'는 {너 아닌 사람}, {오지 않음}, {산 아닌 곳} 등의 집합에서 보면 여집합의 성격을 띤다. 그래서 그 뒤의 서술부가 부정적 의미가 되는 것이 자연스러워 보인다. 위의 예문들을 다음과 같이 풀이하면 내포된 의미가 더 잘 드러난다.

너야 모르는 것이 당연하다	———	[너 아닌 사람은 다 알고 있다]
오기야 오겠지만 일은 안 할 것이다	———	[안 오는 것만 제외된 것이다]
산에야 샘물이 있겠지	———	[산 아닌 곳에는 없다는 것은 다 알려져 있다]

어미 '-야'가 '가야만 한다'로 강조되어 쓰이는 것을 보면 그것이 여집합의 성격을 지님을 알 수 있다. '살아야 한다'나 '죽어야 산다' 등으로 쓰이면 선택의 여지가 없음, 유일함 등의 강력한 배제적 의미를 지닌다. 그래서 이 단어가 자신을 부정하는 대립항에 맞서 존재한다는 느낌을 주어 이 대립항을 함축하는 집합의 원소로 본 것이다. 여집합과 대립항 집합의 차이는 여집합이 모든 반대 상황의 원소들을 지니는 반면, 대립항 집합은 그 단어의 대립항이 되는 하나의 원소만을 지니는 집합이라는 점이다.

이처럼 무작위적 어미는 그 앞에 나타나는 단어가 특수한 의미장을 지니는 집합으로 정의함으로써 설명될 수 있다. '-로', '-로서' 등 문장 구성성분 여러 곳에 붙을 수 있는 어미는 더 있을 것이다. 앞서 말했듯이 그것의 성격을 규명하기 위해서는 집합 개념과 위상공간으로 분석할 필요가 있다.

6. 종결어미 이전의 어미

우리는 여기서 종결어미를 떼어 내었을 경우나 종결어미 '-다'가 붙기 전에 다른 어미가 붙는 경우를 생각해 볼 필요가 있다. 앞서 예로 든 문장을 살펴보자.

> 내가 오늘 일찍 학교에 **간** 것이
> 내가 오늘 일찍 학교에 **가는** 것이

'간 것이'는 과거형으로 문장 전체의 의미가 '것이'에 걸리게 된다. 그리고 '가는 것이'는 현재형이다. 그런데 여기서 '가다'의 뒤에 나타날 수 있는 다른 어미를 살펴볼 필요가 있다. '간, 가는'이 아닌 'ㄴ'이 없는 '가-'를 사용한 것은 과거의 뜻이나 현재의 뜻을 명확히 하지 않는 의도가 있다고 보아야 할 것이다.

> 내가 오늘 일찍 학교에 **가면**
> 내가 오늘 일찍 학교에 **가서는**
> 내가 오늘 일찍 학교에 **가고는**
> 내가 오늘 일찍 학교에 **가지는** (않고)
> 내가 오늘 일찍 학교에 **가기는** (하고)

여기서도 '-는'은 앞쪽 부문장의 내용을 집합화하고 그 집합에 성격을 부여한다. 성격을 부여하는 어미로는 '면, 서는, 고는, 지는, 기는' 등을 들 수 있다. 앞서 말했듯이 '-는'은 전체집합을 지시하며 '며, 서, 고, 지, 기' 등에 '-는'이 결합하면 특정한 의미장을 만든다. 여기서 '가면'은 가정 또는 전제, 전체집합을 뜻하고 '가서는'은 사태의 다음 단계를 뜻하므로 그 집합은 종료집합이다. '가고는'은 아직 수행이 끝나지 않은 지향집합이며, '가지는'은 뒤에 부정의 뜻을 가진 서술이 나타날 것을 암시한다. 그래서 앞에서 '-지'를 공집합의 뜻을 지닌 어미로 보았다. 다르게 말하면 뒤에 부정서술이 나온다는 점에서 '후행-부정-지시집합'이라고 할 수 있다.

'가기는'은 뒤에 긍정적 서술이 나타날 것을 암시하므로 '후행-긍정-지시집합'이라고 할 수 있다. '가기'는 동사의 명사형이므로 특별한 기능을 하지 않지만 의미 차원에서는 선택의 의미를 띤다. 지나치게 수학적인 해석이지만 이 경우 극단적인 선택을 암시하기 때문에 이산집합(discrete topology)의 원소로 보아도 무방하다. 이산집합은 집합 내의 원소들이 다른 원소와 관계를 가지지 않는 집합을 뜻한다.

'간, 가는'은 뒤에 명사가 나타나기 위한 어미이고, '가며, 가서, 가고, 가지, 가기'는 '-는'을 첨가하기 위한 수단으로 파악할 수도 있다. 이 정도의 인식에 도달하면 '-는'이 문장 구성성분 모두에 첨가된다고 보는 관점에 이른다. 그렇다면 명사를 수식하기 위해 첨가되는 동사와 형용사의 어미인 '-는' 역시 새로운 관점으로 바라볼 수 있고, 한 발 더 나아가 '-를' 역시 새로운 관점으로 보게 된다. 이제 '-는'과 '-를'을 비교해 의미장의 깊은 곳을 헤쳐 보기로 한다.

7. '-는'과 '-를'의 비교

'먹다'와 '푸르다'를 통해서 '-는'과 '-를'을 비교해 보기로 하자.

먹	다	(종결어미 첨가)			
먹는	다	(현재형)	먹을	다	(없음)
먹는	것	(총칭)	먹을	것 이다	(지향적 총칭-미래)
먹는	데	(시간, 장소)	먹을	데	(지향적 총칭-미래)
먹는	꽃	(명사 수식, 현재)	먹을	꽃	(명사 수식, 미래)

푸르	다	(항상성, 현재형)			
푸른	다	(없음)	푸를	다	(없음)
푸른	것	(총칭)	푸를	것 이다	(지향적 총칭-미래)
푸른	데	(시간, 장소)	푸를	데	(없음)
푸른	꽃	(명사 수식, 현재)	푸를	꽃	(명사 수식-미래)

예문에서 볼 수 있듯이 '-는'은 현재성 또는 전체집합을 뜻하는 반면, '-를'은 지향성 또는 작용대상의 뜻을 내포한다. 위 예문에서 '먹을'의 경우 일반명사 앞에서 명사를 수식하는 경우를 제외하면, '먹을 것이다'만 성립한다. 따라서 지향적 총칭으로서 미래의 의미를 갖는 것이 당연하며, 이는 동사와 형용사에서 동일하다. 이런 의미에서 보자면 한국어의 동사와 형용사는 문장 내에서 큰 차이 없이 쓰임을 알 수 있다. 동사와 형용사의 중요한 차이는 '푸른다'가 성립하지 않는다는 점이다. '푸른다'와 '푸를다'가 성립하지 않는 것은 항상성에서 벗어난 서술이기 때문이라고 파악하고자 한다. 앞서 언어심리의 심층에 속하는 상태의 지속성에 있어서 현재형이 용납되지 않는다는 점을 설명하

였다. 미래형 역시 같다고 보아야 한다.

동사의 목적어를 규정하는 어미 '-을'과 '-를' 역시 동사가 뜻하는 행동의 지향성을 나타내기 위해 첨가되는 것으로 해석할 수 있다.

> 학교로 간다
> 학교를 간다

위 두 문장은 구어에서 흔하게 혼용된다. '학교를 간다'가 잘못된 말이지만 그렇게 자주 쓰는 이유는 '로'에도 포함된 '-ㄹ'이라는 공통적인 발음 때문이라고 생각한다. '를'과 '로'는 쉽게 혼동될 수 있고 둘 다 지향 또는 작용 대상의 뜻을 지니기 때문이다. 이 둘을 모호하게 얼버무리는 예가 구어에서 많이 사용하는 '학굘 간다'일 것이다.

'-는'과 '-를'은 한국어에서 중요한 기능을 하는 대표적인 어미다. 이 둘은 현재와 미래, 작용완료와 작용지향, 소유와 소유지향, 주체와 목적 등을 암시하는 언어의식의 근본을 내포하는 어미다. 음소적 차원에서 '-는'이 닫힌 입모양에 호흡이 안으로 당겨지는 반면, '-를'은 아직 덜 닫힌(즉 열려 있는) 입모양에 호흡이 밖으로 향하는 모습을 보면 그 음소적 선택이 자연스러운 것으로 보인다. 이는 '갈 거야, 간 거야'에 잘 나타난다. 앞 발음을 잘 못 알아들어, '-ㄹ 거야, -ㄴ 거야'로 들었다고 하더라도 우리는 그 발음에서 의미적 범주를 설정할 수 있다. 그래서 다음 장에서와 같이, 시에 사용되어 전체의미장이 아닌 '-는'을 사용하여 읽는 사람에게 가짜 의미장, 즉 의미장이라는 환상을 지니게 하는 경우를 볼 수 있다. 즉, '-는'의 교묘한 시적 기법이 등장하는 것이다.

제3장 시의 의미장(1)

1. 시조

시조의 경우 의미장이 어떻게 형성되어 있는가를 살펴보자.

> 梨花에 月白ᄒᆞ고 銀漢이 三更인제
> 一枝 春心을 子規야 알나마ᄂᆞᆫ
> 多情도 病인양ᄒᆞ여 ᄌᆞᆷ못일워 ᄒᆞ노라

위의 시조를 현대어로 바꾸어 보기로 하자.

> 이화에 월백하고 은한이 삼경인데
> 일지춘심을 자규야 알랴마는
> 다정도 병인 양하여 잠 못 들어 하노라

'잠 못 들어 하노라'는 '잠 못 들어 한다'가 원형일 것이므로 '한다'에서 '-는'이 한 번 출현한다. '삼경인데'의 원형은 '삼경이다'이며, 이는 다시 '삼경인다'를 거쳐 '삼경인데'로 되었다고 파악하고자 한다. 여기서 '이다'의 현재형의 '인다'가 쓰일 수 없는 것이 아니라 그 쓰임이 회피되고 있다고 보는 것이다. '알라마는'은 여집합의 '만'으로 생각하면 된다. 따라서 의미장을 정리하면 다음과 같다.

{c[(자규야 알랴마는)]~, s[(다정도)~, •(병인 양하여)•]~, ~(잠 못 들어 하노라)•}

다음 시조에서도 같은 모습이 나타난다.

울며 잡은 ᄉᆞᄆᆡ ᄯᅥᆯ치고 가지 마소
草原 長堤에 ᄒᆡ다져 져무런ᄂᆡ
客窓에 殘燈도도고 서와보면 알니라

울며 잡은 소매 떨치고 가지 마소
초원 장제에 해 다 져 저무르니
객창에 잔등 돋우고 앉아 보면 알리라

이 시조에도 '보면'에서 '-는'이 출현한다. 이는 '보면' 앞의 문장 내용이 의미장임을 뜻한다. 의미장을 표시하면 다음과 같다.

{•(울며 잡은 소매)• •(떨치고)• ~(가지 마소)•}

{•(초원 장제에 해 다 져 저무르니)• ~(객창에 잔등 돋우고 앉아 보면)~ ~(알리라)•}

다음의 두 벤다이어그램의 왼쪽 그림에서 '…보면'을 전체집합으로 설정하면, 그 안에 '안다'는 부분집합이 자리잡는다. 따라서 '~(안다)

•’가 ‘~(…보면)~’ 안에 속하는 것으로 보는 방법이다. 오른쪽 그림은 전체집합 안에 ‘…보면’의 집합과 ‘안다’의 집합이 있어서 교집합을 만들게 설정한 것이다. 우리가 살피는 의미장의 문제에서는 둘은 같은 것이다.[15)]

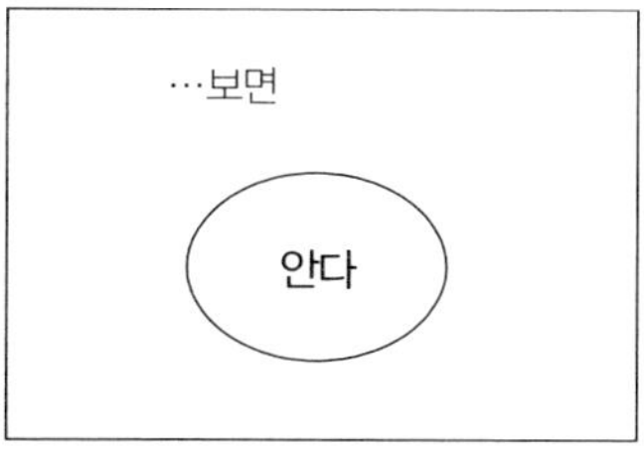

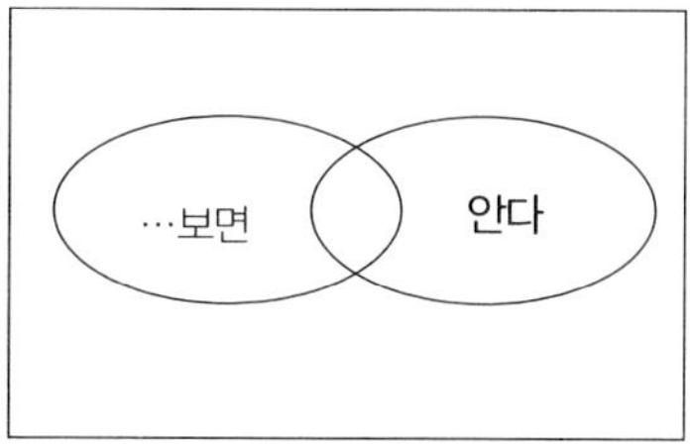

다음 시조를 살펴보자.

바ᄅᆞᆷ도 쉬여 넘ᄂᆞᆫ 고ᄀᆡ 구름이라도 쉬여 넘ᄂᆞᆫ 고ᄀᆡ
山眞이 水眞이 海東青 보라ᄆᆡ도 다 쉬여 넘ᄂᆞᆫ 高峰 長城嶺 고ᄀᆡ
그 넘어 님이 왔다 ᄒᆞ면 나는 아니 ᄒᆞᆫ 番도 쉬여 넘으리라.

바람도 쉬어 넘는 고개 구름이라도 쉬어 넘는 고개
산진이 수진이 해동청 보라매도 다 쉬어 넘는 고봉 장성령 고개
그 넘어 님이 왔다 하면 나는 아니 한 번도 쉬어 넘으리라.

위 시조는 가장 표준적인 의미장을 만들고 있다. ‘나는 넘는다’에서 보듯이 ‘나는’과 ‘넘는다’의 교집합이 의미장을 이룬다. 의미장을 표시하면 다음과 같다.

{~[•(바람도 쉬어 넘는 고개)•, •(구름이라도 쉬어 넘는 고개)•,

•(산진이 수진이 해동청 보라매도 다 쉬어 넘는 고봉 장성령 고개) •,
~(그 넘어 님이 왔다 하면)~]~, ~(나는)~, •(아니)•, •(한 번도)•, •(쉬어)•,
~(넘을 것이다) •}

A: {그 넘어 님이 왔다 하면} ⊂ B: {~(나는)~, •(아니)•, •(한 번도)•, •(쉬어)•, ~(넘을 것이다)}

B가 A의 부분집합이라고 봐야 할지, 아니면 B를 두 집합으로 나누어 셋의 관계로 봐야 할지 의문이 생길 수 있다. 의미장의 설명으로는 둘 다 가능하다.

2. 김소월

이제부터 김소월, 윤동주, 김영랑, 한용운 등의 시에 나타난 의미장을 살펴보겠다. 우선 소월의 시를 보면, 초기 시에 나타나는 '-는'은 매우 소박한 모습을 띤다. 소월의 〈옛이야기〉의 첫 연을 보자.

고요하고 어두운 밤이 오면은
어스러한 등(燈)불에 밤이 오면은
외로움에 아픔에 다만 혼자서
하염없는 눈물에 저는 웁니다

이 시에서 '밤이 오면은'은 잘못된 사용이다. '오면'에서 이미 'ㄴ', 즉 '-는'을 사용했기 때문에 뒤에 다시 '은'이 오면 중복이 된다. 아마도 '밤이 오면은'으로 쓴 것은 다섯 글자로 만들기 위한 것으로, 이는 소월의 소박한 운율감을 보여 주는 점이다.

이 시의 의미장인 '오면, 저는, 운다'의 세 부분집합을 해석하면 다음과 같다.

{~[(오면)]~, ~[~(저는)~, ~(운다)],
•(…밤)•, •(…등불에)•, •(외로움에)•, •(아픔에)•, •(눈물에)•}

'~[(오면)]~'과 '~[~(저는)~, ~(운다)]'의 교집합이 이 문장의 의미장이다.

〈진달래꽃〉

7-5조 운율의 〈진달래꽃〉에 이르면 그 의미장이 세련되어 간다.[16]

나 보기가 역겨워 가실 때에는
말없이 고이 보내 드리우리다

영변에 약산 진달래꽃
아름 따다 가실 길에 뿌리우리다

가시는 걸음걸음 놓인 그 꽃을
사뿐히 즈려밟고 가시옵소서

나 보기가 역겨워 가실 때에는
죽어도 아니 눈물 흘리우리다

{~(나 보기가 역겨워 가실 때에는)~, •(말없이)•, •(고이)•, ~(보내 드우리다)•}
{•(영변에 약산 진달래꽃)•, •(아름 따다)•, •(가실 길에)•, ~(뿌리우리다)•}
{•(가시는 걸음걸음 놓인 그 꽃을)•, •(사뿐히)•, •(즈려밟고)•, ~(가시옵소서)•}

{~(나보기가 역겨워 가실 때에는)~, •(죽어도)•, •(아니 눈물)•, ~(흘리우리다)•}

여기서 '나 보기가 역겨워 가실 때에는'이라든지 '영변에 약산 진달래꽃'처럼 의미상 하나의 덩어리로 볼 수 있는 것을 하나의 원소로 처리하였다. '보내 드리우리다'와 '밟고 가시옵소서' 역시 같은 의도로 한 덩어리로 만들었다. '아니 눈물'에 대해서는 이견이 있을 수 있지만 앞의 '즈려밟고'와 상응하는 위치에 있음을 고려하여 한 덩어리로 처리하였다. 위에 표시한 의미장을 그 표현된 의미를 생각하면서 읽어 보면 더 이상 설명이 필요 없을 만큼 잘 짜인 문장과 의미장의 일치를 느낄 수 있다. 의미장을 다시 한 번 간략화하면 다음과 같다.

{~(가실 때에는)~, ~(보내 드리우리다)•}
{•(진달래꽃을)•, ~(뿌리우리다)•}
{•(그 꽃을)•, (즈려밟고)•, ~(가시옵소서)•}
{~(가실 때에는)~, ~(흘리우리다)•}

〈산유화〉

산에는 꽃 피네
꽃이 피네
갈 봄 여름 없이
꽃이 피네

산에
산에
피는 꽃은

저만치 혼자서 피어 있네

신에서 우는 작은 새여
꽃이 좋아
산에서
사노라네

산에는 꽃 지네
꽃이 지네
갈 봄 여름 없이
꽃이 지네

소월의 시 가운데 〈진달래꽃〉과 〈산유화〉는 의미장의 형성과 그 흐름에 대한 섬세한 감각을 보여 주는 시로 평가될 수 있다. 〈산유화〉에서 '새여'는 '새는'과 마찬가지로 개집합으로 보기로 한다. 의미장과 관련된 단어는 '산에는, 꽃은, 핀다, 새여, 산다, 꽃은, 진다' 등이다. 반복되는 단어와 문장을 제외하고 정리한 다음 의미장을 표기하면 다음과 같다.

산에는 꽃 피네
산에 피는 꽃은 저만치 혼자서 피어 있네
신에서 우는 작은 새여 꽃이 좋아 산에서 사노라네

{~(산에는)~, ~(꽃 핀다)•}
{~(산에 피는 꽃은)~, ~(피어 있다)•}
{~(산에서 우는 작은 새여)~, ~(산다)•}

3. 윤동주

윤동주의 〈서시(序詩)〉를 보기로 하자.

> 죽는 날까지 하늘을 우러러
> 한 점 부끄럼이 없기를
> 잎새에 이는 바람에도
> 나는 괴로와 했다.
> 별을 노래하는 마음으로
> 모든 죽어가는 것을 사랑해야지
> 그리고 나한테 주어진 길을
> 걸어 가야겠다.
>
> 오늘 밤에도 별이 바람에 스치운다.

이 시의 의미장을 표시하면 다음과 같다.

{~(나는)~, ~(괴로와 했다)•}

{•(모든 죽어가는 것을)•, ~(사랑해야지)•}
{•(나한테 주어진 길을)•, ~(걸어 가야겠다)•}

{s(오늘 밤에도)~, ~(스치운다)•}

즉 의미장은 다음의 두 곳이다.

~(나는)~,
~(괴로와 했다)•, ~(사랑해야지)•, ~(걸어 가야겠다)•,

s(오늘 밤에도)~

~(스치운다)•

's(오늘 밤에도)~'는 앞선 장에서 설명했듯이 부분집합이다. 따라서 '어젯밤에도'가 있음을 인정하는 의미장이다. '-도'와 '-만'에 대해서는 앞서 설명했으므로 반복하지 않겠다.

〈별 헤는 밤〉에 나타나는 '-는'의 출현은 앞에 인용한 〈그 날〉(이성복)을 생각나게 한다. 운문과 산문의 대조로 구성된 이 시의 '-는' 어미를 가진 단어를 굵은 글씨로 표시하면 다음과 같다.

1) 계절이 지나가는 **하늘에는**
가을로 가득 차 **있습니다**.

2) **나는** 아무 걱정도 없이
가을 속의 별들을 다 **헤일듯합니다**.

3) 가슴 속에 하나 둘 새겨지는 별을
이제 다 **못 헤는 것은**
쉬이 아침이 오는 까닭이요,
내일 밤이 남은 까닭이요,
아직 나의 청춘이 다하지 않은 **까닭입니다**.

4) 별 하나에 추억과
별 하나에 사랑과
별 하나에 쓸쓸함과
별 하나에 동경과
별 하나에 詩와
별 하나에 어머니, 어머니,

5) 어머님, **나는** 별 하나에 아름다운 말 한 마디씩 불러봅니다. 소학교 때 책상을 같이 했던 아이들의 이름과, 佩, 鏡, 玉 이런 異國 少女들의 이름과, 벌써 애기 어머니 된 계집애들의 이름과, 가난한 이웃 사람들의 이름과 비둘기, 강아지, 토끼, 노새, 노루, 프랑시스 잠, 라이너 마리아 릴케, 이런 詩人의 이름을 **불러봅니다**.

6) **이네들은** 너무나 멀리 **있습니다**.
별이 아슬히 멀듯이.

7) 어머님,
그리고 **당신은** 멀리 北間島에 **계십니다**.

8) **나는** 무엇인지 그리워
이 많은 별들이 나린 언덕 위에
내 이름자를 써 보고,
흙으로 **덮어버리었습니다**.

9) 딴은 밤을 세워 우는 **벌레는**
부끄러운 이름을 **슬퍼하는 까닭입니다**.

10) 그러나 겨울이 지나고 나의 별에도 봄이 **오면**
무덤 위에 파란 잔디가 피어나듯이
내 이름자 묻힌 언덕 위에도
자랑처럼 풀이 **무성할 거외다**.

이 시의 의미장을 정리해 보면, 우선 다음과 같이 문장을 간추릴 수 있다.

1) 하늘에는 가을로 가득 차 있습니다
2) 나는 별들을 헤일 듯합니다
3) 못 헤는 것은 밤이 남은 까닭입니다.
4) (없음) 별 하나에 추억과 ...
5) 나는 이름을 불러봅니다.
6) 그들은 멀리 있습니다.
7) 당신은 북간도에 계십니다.
8) 나는 흙으로 덮어버리었습니다.
9) 벌레는 이름을 슬퍼하는 까닭입니다.
10) 봄이 오면 내 이름자 묻힌 언덕에도 풀이 무성할 거외다.

'-는'의 의미장과 서술부가 교집합을 만드는 모습을 보면 다음과 같다.

1) ~(하늘에는)~, ~(가득 차 있다)•
2) ~(나는)~, ~(헤일 듯하다)•
3) ~(못 헤아림은)~, ~(까닭이다)•
4) ~(없음)~
5) ~(나는)~, ~(불러 본다)•
6) ~(그들은)~, ~(있다)•
7) ~(당신은)~, ~(계시다)•
8) ~(나는)~, ~(덮어 버렸다)•
9) ~(벌레는)~, ~(까닭이다)•
10) ~(봄이 오면)~, ~(무성할 것이다)•

여기서 4)(없음), 즉 완전히 열려 있는 의미장이 삽입된 것과 5)의 산문 등장은 어느 정도 계획된 것으로, 윤동주가 섬세한 형식적 감각을 가지고 있음을 보여 준다. 다시 말하면 그가 1), 2), 3)에 대한 대조로 4)를 삽입한 다음 5)의 산문을 출현시키는 형식적 변화의 맛을 잘 알고 있었다고 봐야 한다. 10)의 '봄이 오면'이라는 가정적 희망의 의미장으로 마감한 것도 그의 섬세함이다.

4. 김영랑

김영랑의 〈모란이 피기까지는〉은 상당히 복잡한 의미장의 구조를 보여 준다.

모란이 **피기까지는**
나는 아직 나의 봄을 **기다리고 있을 테요**
모란이 뚝뚝 떨어져 버린 날
나는 비로소 봄을 여읜 **설움에 잠길 테요**
5월 어느 날 그 하루 무덥든 날
떨어져 누운 꽃잎마저 **시들어 버리고는**
천지의 **모란은** 자취도 **없어지고**
뻗쳐오르던 **내 보람** 서운케 **무너졌느니**
모란이 지고 **말면** 그뿐 내 **한 해는** 다 **가고 말아**,
삼백 예순 날 하냥 섭섭해 **우옵내다**
모란이 **피기까지는**
나는 아직 **기다리고 있을 테요**,
찬란한 슬픔의 봄을.

처음 부분의 의미장은 단순하다.

{~(모란이 피기까지는)~, ~[(나는)~, ~(기다리고 있을 테요)]•},
{~(나는)~, ~(잠길 테요)•}

그러나 중간 부분의 의미장은 좀 복잡하게 얽혀 있다. 우선 '시들어 버리고는'은 '시들어 버리고 난 다음에는' 또는 '시들어 버린 후에는'을 줄인 것으로 보기로 한다. 그리고 '내 보람'은 '은'이 생략된 것이므로 '내 보람은'으로 보기로 한다. '그뿐' 역시 '그뿐이다'를 줄인 형태로 본다. 그러면 다음과 같은 의미장 세 개의 교집합으로 나타난다.

{~[(시들어 버린 다음에는)]~, ~[(천지의 모란은)~, ~(없어졌다)]•}
{[~(모란은)~, s(자취도)~, ~(없어졌다)•], [~(내 보람은)~, ~(무너졌다)•]}
{[~(모란이 지고 말면)~, (그뿐이다)•], [~(내 한 해는)~, (다 갔다)•], ~(우옵내다)•}

첫 부분과 끝 부분을 첨가하고 위에 정리한 중간 부분을 세분하여 나열하면 다음과 같은 의미장의 연속이 된다.

{~([모란이 피기까지는)]~, ~[(나는)~, ~(기다리고 있을 테요)•]},
{~(나는)~, ~(잠길 테요)•}

{~(시들어 버린 다음에는)~, ~(천지의 모란은)~, ~(없어졌다)•}
{~(모란은)~, s(자취도)~, ~(없어졌다)•}
{~(내 보람은)~, ~(무너졌다)•}
{~(모란이 지고 말면)~, ~(그뿐이다)•}
{~(내 한 해는)~, ~(다 갔다)•}
{ ~(우옵내다)•}
{~(모란이 피기까지는)~, ~[(나는)~, ~(기둘리고 있을 테요)]•}

5. 한용운

한용운의 초기 시 가운데 가장 철저한 산문시인 〈님의 침묵〉을 살펴보자.

님은 갔습니다. 아아 사랑하는 나의 님은 갔습니다.
푸른 산빛을 깨치고 단풍나무 숲을 향하여 난 작은 길을 걸어서 참어 떨치고 갔습니다.
황금의 꽃같이 굳고 빛나던 옛 맹서는 차디찬 티끌이 되어서 한숨의 미풍에 날어 갔습니다.
날카로운 첫 키스의 추억은 나의 운명의 指針을 돌려놓고 뒷걸음쳐서 사라졌습니다.
나는 향기로운 님의 말소리에 귀먹고 꽃다운 님의 얼굴에 눈멀었습니다.
사랑도 사람의 일이라 만날 때에 미리 떠날 것을 염려하고 경계하지 아니한 것은 아니지만, 이별은 뜻밖의 일이 되고 놀란 가슴은 새로운 슬픔에 터집니다.
그러나 이별은 쓸데없는 눈물의 원천으로 만들고 마는 것은 스스로 사랑을 깨치는 것인 줄 아는 까닭에 걷잡을 수 없는 슬픔의 힘을 옮겨서 새 희망의 정수박이에 들이부었습니다.
우리는 만날 때에 떠날 것을 염려하는 것과 같이 떠날 때에 다시 만날 것을 믿습니다.
아아 님은 갔지마는 나는 님을 보내지 아니하였습니다.
제 곡조를 못 이기는 사랑의 노래는 님의 침묵을 휩싸고 돕니다.

여기서 시이기 때문에 용납되는 듯이 보이는 잘못된 문장 구조를 하나 지적하고 넘어가기로 하자. 다음의 문장이다.

그러나 이별은[17] 쓸데없는 눈물의 원천[18]으로 만들고 마는 것은 스스로 사랑을 깨치는 것인 줄 아는 까닭에 걷잡을 수 없는 슬픔의 힘을 옮겨서 새 희망의 정수박이에 들이부었습니다.

이 긴 문장은 다음과 같은 네 개의 구절이 모여서 만들어진 것이다.

① 이별은 쓸데없는 눈물의 원천으로 만들고 마는 것은
② 스스로 사랑을 깨치는 것인 줄 아는 까닭에
③ 걷잡을 수 없는 슬픔의 힘을 옮겨서
④ 새 희망의 정수박이에 들이부었습니다.

의미를 분명하게 하기 위해 독립된 네 개의 문장으로 바꾸어 보면 다음과 같다.

① 이별을 쓸데없는 눈물의 원천으로 만든다.
② 스스로 사랑을 깨치는 것인 줄 안다.
③ 걷잡을 수 없는 슬픔의 힘을 옮긴다.
④ 새 희망의 정수배기에 들이부었다.

한용운이 전하려 한 메시지를 보다 분명히 하기 위해 문장을 정리하면 다음과 같이 된다.

이별을 쓸데없는 눈물의 원천으로 만드는 것이
스스로 사랑을 깨칠 줄 아는 방법이다. 그렇기 때문에
(나는) 걷잡을 수 없는 슬픔의 힘을 옮겨서 새 희망의 정수배기에 들이부었다.

이렇게 정리하고 보면 '누가 들이부었을까?'라는 질문을 던지지 않을 수 없다. 물론 답은 '나'일 것이다. 전체 맥락으로 주어를 추측할 수 있지만 문장의 주어를 파악하는 것은 소홀히 할 수 없는 일이다. 네 개의 구문을 연결시킨 이 긴 문장은 다음과 같은 구문적 오해를 일으킨다.

> 이별은 **(무엇을?)** 새 희망의 정수배기에 들이부었습니다.

즉 위와 같이 정리된 문장에서 목적어가 무엇인가 하는 의문을 가질 수 있다. 언뜻 보면 '을'이 붙은 '사랑을'이 목적어로 보일 가능성이 있다. 그래서 다음과 같이 이해하게 된다.

> 이별은 **사랑을** 새 희망의 정수배기에 들이부었습니다.

이것이 한용운이 생각한 구문일지도 모른다. 그러나 올바른 구문이 아니며 나는 '시적'이란 말을 그렇게 받아들이는 것에 찬성하지 않는다. 이 모든 것이 계산된 것이라고 이 시를 칭찬할 수도 있겠지만 계산된 결과로 보이지는 않는다. 이어서 한용운의 〈알 수 없어요〉를 살펴보자.

> 바람도 없는 공중에 수직의 파문을 내이며 고요히 떨어지는 오동잎은 누구의 발자취입니까.
> 지리한 장마 끝에 서풍에 몰려가는 무서운 검은 구름의 터진 틈으로, 언뜻언뜻 보이는 푸른 하늘은 누구의 얼굴입니까.
> 꽃도 없는 깊은 나무에 푸른 이끼를 거쳐서 옛 탑 위에 고요한 하늘을 스

치는 알 수 없는 향기는 누구의 입김입니까.
근원은 알지도 못할 곳에서 나서 돌부리를 울리고, 가늘게 흐르는 작은 시내는 굽이굽이 누구의 노래입니까.

연꽃 같은 발꿈치로 가이없는 바다를 밟고, 옥 같은 손으로 끝없는 하늘을 만지면서, 떨어지는 해를 곱게 단장하는 저녁놀은 누구의 詩입니까.
타고 남은 재가 다시 기름이 됩니다. 그칠 줄 모르고 타는 나의 가슴은, 누구의 밤을 지키는 약한 등불입니까.

이 시에서 '-는'의 잘못된 사용이 다시 나타난다.

근원은 알지도 못할 곳에서 나서 돌부리를 울리고,
가늘게 흐르는 작은 시내는 굽이굽이 누구의 노래입니까?

위의 행이 '-고'로 끝맺음으로써 뒤의 구와 동등한 자격을 갖는다는 전제하에서 보면, '근원은'의 '은'을 의미장으로 사용한 것에 문제가 있을 수 없다. 물론 의미장을 만들기 전의 모습은 '근원을'이다. 그렇다면 이 '근원은'은 '울리고'와 의미장적 교집합을 이루는 것이 아니고, '알지도'의 목적어로서 '알지도 못할 곳에서'라는 하위 문장 내에서 역할을 해야 한다. 따라서 '돌부리를 울리고'의 주어는 '시내'이이며 '근원은'은 위의 첫 구절을 전체적으로 지배하는 의미장이 아니다.

또 다른 문제가 있다. '알지도 못할 곳에서'가 성립하는가 하는 문제다. '알지 못할 곳에서'와 '알지도 못하는 곳에서'는 가능하다. '먹지도 못할 과일'의 경우도 성립한다. 그러나 '알지도 못할 과일'이 되면 의아해진다. 이는 의미론적 문제로, 바르게 쓰자면 '알 수 없는 곳에서'가 가장 무난한 표현이다. 이것을 고쳐 쓰면 다음과 같다.

근원을 알 수 없는 곳에서 시작해 돌부리를 울리고,

학생이 쓴 보고서라면 위와 같이 고쳐야 할 것이다. 이와 같은 한용운 시의 서술적 거칠음을 시적 멋으로 생각하는 것이 과연 좋을 것인지는 여전히 의문이다.

6. 유치환

유치환의 〈박쥐〉를 보자.

너는 본래 기는 즘생.
무엇이 싫어서
땅과 낮을 피하야
음습한 폐가의 지붕 밑에 숨어
파리한 환상과 괴몽에
몸을 야위고
날개를 길러
저 달빛 푸른 밤 몰래 나와서
호을로 서러운 춤을 추려느뇨.

유치환 시의 리듬이 남성적이듯 시의 의미장 역시 특이한 점을 지닌다. 이 시의 의미장은 단순하고 정직하다. 그냥 '너는'이다. 교집합을 만드는 역할을 해야 하는 '추려느뇨' 역시 형용사처럼 소극적인 서술형을 취하고 있다. 다시 말해 '춘다'와 같이 쓰이지 않아서 소극적인 서술이라는 뜻이다. 그의 〈깃발〉을 살펴보자.

이것은 소리없는 아우성
저 푸른 해원을 향하야 흔드는
영원한 노스탈자의 손수건
순정은 물결같이 바람에 나부끼고
오로지 맑고 곧은 이념의 표ㅅ대 끝에
애수는 백로처럼 날개를 펴다
아아 누구던가
이렇게 슬프고도 애달픈 마음을
맨 처음 공중에 달 줄을 안 그는.

이 시의 의미장을 표시하면 다음과 같다.

{~(이것은)~, •(소리없는 아우성)•, •(저 푸른 해원을 향하야 흔드는 영원한 노스탈쟈의)•, •(손수건)•}
{~(순정은)~, •(물결같이 바람에)•, ~(나부끼고)}
{•(오로지 맑고 곧은 이념의 표ㅅ대 끝에)•, ~(애수는)~, •(백로처럼)•, •(날개를)•, •(펴다)•}
{•(아아 누구던가, 이렇게 슬프고도 애달픈 마음을 맨 처음 공중에 달 줄을 안)•, ~(그는)~}

여기서도 유치환적인 멋이 보인다. 의미장만 표시하면 다음과 같다.

{~(이것은)~}
{~(순정은)~}
{~(애수는)~}
{~(그는)~}

{~(이것은)~}의 경우 '손수건이다'에서 '이다'를 표시하지 않았고, 3행의 {~(애수는)~}에서도 '펀다' 대신 '펴다'를 씀으로써 '-는'의 등장을 피하고 있다. 이에 상응하는 {~(순정은)~}에서는 ~(나부끼고)가 나타나지만 연결어미이기 때문에 뒤의 결정을 따르는 것으로 보아 '-는'이 없는 것으로 파악하였다. 이렇게 보면, 의미장은 서술어에 의한 교집합을 거부하는 것으로 보인다. 구차스런 구체화를 하지 않겠다는 의도로, 그의 거나한 남성적 표현일 것이다. 이와 같은 모습은 〈바위〉에도 나타난다.

내 죽으면 한 개 바위가 되리라
아예 애련(愛憐)에 물들지 않고
희로에 움직이지 않고
비와 바람에 깎이는 대로
억 년(億年) 비정(非情)의 함묵(緘黙)에
안으로 안으로만 채찍질하여
드디어 생명도 망각(忘却)하고
흐르는 구름
머언 원뢰(遠雷).
꿈 꾸어도 노래하지 않고,
두 쪽으로 깨뜨려져도
소리하지 않는 바위가 되리라.

이 시 역시 그가 좋아하는 스타일로, 전체가 하나의 의미장이다. 첫 행은 종결된 문장으로 느껴지지 않는다. 반복된 '바위가 되리라'를 생략하면 의미장은 다음과 같다.

{~(내 죽으면)~, ~(바위가 되리라)•}

'내 죽으면'을 부속 문장으로 생각하면 이 시에는 주어가 없다. 생략된 주어는 '나'일 것이다. 주어 대신 '내 죽으면'의 의미장만이 있을 따름이다. 그리고 '되리라' 역시 '될 것이다'와 비교할 때에 의미장의 강도가 약하고 '된다'에 비교하면 희망을 내포하고 있는 의미장이다. 결국 '내 죽으면'이라는 전제만이 의미장의 뼈대를 이루는 것이다. 이처럼 의미장을 정하는 '-는'을 피하려는 듯이 보이는 유치환의 시 가운데 정반대의 모습을 보이는 시가 있다. 〈약대(樂隊)〉를 살펴보자.

하늘은 음산히 치웁고
눈 나리랴는 날
낮게 웅크린 회(灰)빛 거리를
한 악대의 행렬은 지내가나니
반향도 없는 허공에 나팔을 높이 불고

귀도 문허지라듯 북을 울리며
가난한 아이들은 허리를 굽으려
기ㅅ대에는 피ㅅ기 없는 내장을 매달어 메고
무거이 앞뒤를 따럿나니

아아 이 파리한 인생의 행렬은
무엇을 보이려 함이런고
무엇을 알리려 함이런고

이 시의 의미장을 정리하면 다음과 같다.

{~(하늘은)~, ~(음산히 치웁고), ~[오늘은]~, ~(눈 나리랴는 날[이다])•}
{~(행렬은)~, ~(지내가나니)}

{~(아이들은)~, ~(허리를 굽으려)}
{~(기ㅅ대에는)~, ~(내장을 매달어 메고 무거이 앞뒤를 따렀나니)}

{~(이 행렬은)~, ~(무엇을 보이려 함인가?), ~(무엇을 알리려 함인가?)}

의미장 분석에서 보였듯이 첫 행은 생략된 단어들이 있어 문법적 감각에서 어색한 느낌을 준다. 즉, '하늘은 음산히 치웁고 눈 나리랴는 날'에서 필요한 단어가 생략되어 있어 이 문장의 읽음을 좀 급박하게 만든다. 이는 속도를 위한 의도적인 생략으로 보아도 무방하다.

유치환의 시 가운데 '-는'의 어미를 계획적으로 배치한 경우를 〈수선화〉에서 볼 수 있다. 이 시에서 우리는 '-는'과 형용사 어미가 마치 운율을 맞추듯 상응하는 것을 볼 수 있다. 본문의 논의 방향에서 조금 벗어난 듯하지만 이런 관점에서 이 시를 살펴보기로 한다.

몇 떨기 수선화 —
가난한 내 방 한편에 그윽히 피어
그 청초한 **자태는** **한없는** 정적을 서리우고
숙취(宿醉)의 아침 **거츠른** 내 심사(心思)를 아프게도 어루만지나니
오오 수선화여
어디까지 은근히 피었으련가
지금 **거리에는**
하늘은 음산히 흐리고
땅은 돌같이 얼어붙고
한풍(寒風)은 살을 베고

파리한 **사람들은** 말없이 움쿠리고 오가거늘
이 치웁고 **낡은** 현실의 어디에서
수선화여 **나는**
그 맑고도 고요한 너의 탄생을 믿었으료

그러나 확실히 있었으리니
그 순결하고 우아한 **기백은**
이 울울(鬱鬱)한 대기 속에 봄안개처럼 엉기어 있었으리니
그 인고하고 엄숙한 **뿌리는**
지핵(地核)의 **깊은** 동통(疼痛)을 가만이 견디고 호을로 묻히어 있었으리니

수선화여 **나는** 너 우에 허리 굽혀
사람이 모조리 **잊어버린**
어린 인자(人子)의 **철없는** 미소와 **반짝이는** 눈동자를 보나니
하야 지금 **있는** 이 초췌한 인생을 믿지 않나니
또한 이것을 기어코 슬퍼하지도 않나니
오오 수선화여 **나는**
반드시 돌아올 **본연한** 인자의 예지와 순진을 너게서 믿노라

수선화여
몇떨기 **가난한** 꽃이여
뉘 몰래 **쓸쓸한** 내 방 한편에 피였으되
그 한없이 **청초한** 자태의 차거운 영상을
가만이 윈 누리에 투영하고
이 엄한의 절후에
멀쟎은 봄 우주의 큰 뜻을 예약하는
너는 고요히 치어든 **경건(敬虔)한** 손일네라

시 본문에 '-는' 어미를 지닌 단어는 굵은 글씨로 표시했다. 이 시에서는 운을 맞추기 위해 '-는'을 호흡의 흐름에 잘 맞게 적절한 곳에 배치하고 있다. 빠른 속도로 읽어 보면 '-는'이 운을 이루고 있음을 알 수 있다. 운을 맞추기 위해 형용사의 어미를 적절히 배합한 것으로 보인다. 이렇게 위치시킨 형용사를 '쓸쓸한'에서 보듯 굵은 글씨에 밑줄 친 모습으로 보인다. 이런 형용사에 대칭이나 되듯 사용한 '을' 어미를 지닌 단어는 밑줄로 표시하였다. 우리는 지금 시의 운율적 구조를 살피는 것이 아니므로 이에 대한 자세한 설명은 이 글의 맥락에서 벗어나는 일이다. 좋은 리듬을 지닌 문장은 여러 요인이 함께 작용하여 만들어지는 것이며, 지금까지 살핀 운율의 대응과 대칭 역시 좋은 운율 안에 숨어 있는 한 요인일 것이다.

제4장 시의 의미장(2)

1. 서정주

서정주는 유치환과 대조가 되는 의미장을 보여 준다. 그는 '-는'을 의미장의 기능보다는 운율 처리의 기능으로 사용한 감이 없지 않다. 〈석류개문(石榴開門)〉의 앞부분을 살펴보자.

> 공주님 한창 당년 젊었을 **때는**
> 혈기로 청혼이사 나도 **했네만**
> 너무나 청빈한 **선비였던 건**
> 그적에나 이적에나 잘 아시면서

이 시에는 '-는'이 행의 끝에 반드시 나타난다. '-는'의 빈번한 출현은 무엇을 뜻하는 것일까? 먼저 의미장을 분석해 보자.

{~(공주님 한창 당년 젊었을 때는)~
c (혈기로 청혼이사 나도 했네만)~

~(너무나 청빈한 선비였던 건[것은])~
~(i[그적에나 이적에나] 잘 아시면서)~}
(i는 intersection의 약칭으로 교집합을 뜻한다)

네 개의 부문장이 모두 개집합적 성격을 띠고 있으며 그 개집합이 연결될 항이 다시 개집합을 만들고 있는 모습을 볼 수 있다. 풀이하면 다음과 같다.

~{~(공주님 한창 당년 젊었을 때는)~, ~(내가 청혼을 했다)•
c(혈기로 청혼이사 나도 했네만)~, ~(나는 청빈한 선비였다)•
~(너무나 청빈한 선비였던 건)~, ~(당신이 잘 알고 있다)•
~i(그적에나 이적에나 잘 아시면서)~}~

맨 윗줄의 '~(…때는)~'으로 표시된 개집합은 '~(…청혼을 했다)•'로 표시된 집합과 연결된다. '~(…청혼을 했다)•'로 표시된 집합은 다시 개집합을 만들어 다음의 집합과 연결된다. 그런가 하면 '~(…선비였다)•'는 다시 개집합이 된다. 이처럼 꼬리를 무는 연결이 끝까지 계속된다. 그리하여 전체가 개집합으로 나타나게 되므로 전체를 개집합으로 표시했다. 이처럼 행의 끝마다 '-는'을 사용하는 술부가 주부와 더불어 결정된 의미장을 만들면 시는 산문적 경향을 띠게 되고 의미장은 닫히는 결과가 된다. 서정주는 이를 피하기 위해 좀 샛길로 향하는 듯한 기술을 사용한 것이다. 이는 앞서 살핀 유치환과 비교해 보면 뚜렷이 드러난다. 이 시의 뒷부분은 다음과 같다.

어쩌자 가을 되어 門은 삐걱 여시나?
수두룩한 자네 딸, 잘 여무른 딸
上客이나 두루 한번 가 보라시나?
건넛말 징검다리밖엔 없는 나더러
무얼 타고 新行길은 따라가라나?

앞부분에 반발하듯 뒷부분에는 행 끝에 '-는'이 전혀 나타나지 않는다. 뒷부분의 다섯 행은 의문형('여시나?'), 어미가 없는 명사('여무른 딸'), 의문형('가 보라시나?'), 여격 어미('나더러'), 의문형('따라가라나?')으로 이어진다. 이러한 행의 끝 처리는 낭독할 때 치켜올림을 목적으로 한 것이다. 의문형에서 전형적으로 나타나는 문장 끝의 치켜올림은 의미장에서 보면 결정되어 있지 않음, 즉 열려 있음을 함축한다. 어투의 치켜올림이 의미장의 개방과 연결된 모습이다.

다음의 〈고조2(古調2)〉에서도 같은 현상을 볼 수 있다.

국화꽃이 피었다가 사라진 자린
국화꽃 귀신이 생겨나 살고

싸리꽃이 피었다가 사라진 자린
싸리꽃 귀신이 생겨나 살고

사슴이 뛰놀다가 사라진 자린
사슴의 귀신이 생겨나 살고

영 너머 할머니의 마을에 가면
할머니가 보시던 꽃 사라진 자리
할머니가 보시던 꽃 귀신들의 떼

꽃귀신이 생겨나서 살다 간 자린
꽃귀신의 귀신들이 또 나와 살고

사슴의 귀신들이 살다간 자린
그 귀신의 귀신들이 또 나와 살고.

이 시의 의미장 구조는 간단하게 표시된다.

{~(사라진 자린)~, ~(생겨나 살고)} (3회 반복)

{~(마을에 가면)~, •(꽃 사라진 자리[에]),
~(꽃귀신들의 떼[가 있다])} (1회)

{~(사라진 자린)~, ~(생겨나 살고)} (2회 반복)

이 시 역시 소극적이기는 하지만 완전한 종결어미를 피하고 '생겨나 살고'라고 함으로써 의미장의 개방성을 지향하고 있다. 그래서 '~(생겨나 살고)•'로 표시하지 않았다. 즉, 어투의 측면에서 끝을 올려 읽게 된다. 서정주는 의미 형성의 차원이 아니라 운율적 차원에서 '-는'을 빈번하게 사용한 것이기 때문에 이처럼 의미장을 열려 있게 하기 위해 특별한 기법을 쓴 것으로 보인다. 잘 알려진 〈국화 옆에서〉도 같은 모습을 보인다.

한 송이의 국화꽃을 피우기 위해
봄부터 소쩍새는
그렇게 울었나 보다
한 송이의 국화꽃을 피우기 위해

천둥은 먹구름 속에서
또 그렇게 울었나 보다

그립고 아쉬움에 가슴 조이던
머언 먼 젊음의 뒤안길에서
인제는 돌아와 거울 앞에 선
내 누님같이 생긴 꽃이여

노오란 네 꽃잎이 피려고
간밤에 무서리가 저리 내리고
내게는 잠도 오지 않았나 보다

이 시의 의미장을 분석해 보면 다음과 같다.

{~(소쩍새는)~, ~(울었나 보다)}
{~(천둥은)~, ~(울었나 보다)}
{(꽃이여)}

{~(내게는)~, ~(않았나 보다)}

여기서 '~(울었나 보다)•'처럼 닫힌 것으로 표시하지 않은 것은 '본다'가 아니라 '보다'로 쓰였기 때문이다. 보조형용사인 '보다'는 원형이므로 그 뒤가 닫혀 있지 않다는 뜻이다.

다음에는 그의 〈화사(花蛇)〉를 보기로 하자.

사향 박하의 뒤안길이다.
아름다운 배암…….
얼마나 커다란 슬픔으로 태어났기에

저리도 징그러운 몸뚱아리냐.

꽃대님 같다.
너의 할아버지가 이브를 꼬여 내던
달변의 혓바닥이
소리 잃은 채 날름거리는 붉은 아가리로
푸른 하늘이다. ……물어뜯거라, 원통히 물어뜯어,

달아나거라 저놈의 대가리 !

돌팔매를 쏘면서, 쏘면서, 사향 방초ㅅ길
저놈의 뒤를 따르는 것은
우리 할아버지의 아내가 이브라서
그러는 게 아니라
석유 먹은 듯…… 석유 먹은 듯…… 가쁜 숨결이야.

바늘에 꼬여 두를까부다. 꽃대님보다도 아름다운 빛……
클레오파트라의 피 먹은 양 붉게 타오르는
고운 입술이다…… 스며라, 배암 !

우리 순네는 스물난 색시, 고양이 같이 고운
입술…… 스며라, 배암 !

이 시는 서정주의 시로서는 그 구조가 예외적이다. 문법적 연결이 거침없고 '-는'을 사용하여 운율을 만들어 가는 방법을 사용하지 않는다는 점에서 예외적이다. 생략된 단어는 [ ]로 표시하였다. 생략된 단어를 보충해 가면서 의미장을 설정해 보면 다음과 같다.

{~[너는]~, ~(징그러운 몸뚱아리냐?)}

{~[너는]~, ~(물어뜯어라)}

{[대가리야], ~(달아나거라)}

{~(뒤를 따르는 것은)~ [석유 먹어서 그렇다]•}

{~([대가리야, 너는])~, ~(고운 입술이다)•}

{~(순네는)~, ~(색시[이다]•)}

여기서 의미장을 열린 상태에 머물게 하는 기법은 문법적 혼란과 필요한 단어들의 생략이다. 앞서의 시와는 다른 기법을 동원한 셈이다. 서정주의 시를 읽다 보면 자신이 운율의 기법으로 사용한 행 끝에 의도적으로 '-는'을 사용한 다음, 이런 표면적 기법을 사용한 것에 대한 부끄러움에서 벗어나려는 듯, 그 보상으로 생략과 같은 과감한 수법을 시도하는 것으로 보인다. 그의 많은 시가 어투적으로 행의 끝을 치켜 올리기 위해 '-는'을 사용하지만, 이를 잊으려는 듯 〈화사(花蛇)〉에서처럼 예측 불허의 기법을 사용하고 있다.

2. 이상

이상의 시에서도 특이한 의미장이 보인다. '종이로 만든 비'라는 뜻의 〈지비(紙碑)〉를 보기로 한다.

내키는커서다리는길고왼다리아프고안해키는작어서다리는짧고바른다리가아프니내바른다리와안해왼다리와성한다리끼리한사람처럼걸어가면아아이夫婦는부축할수없는절름발이가되어버린다無事한世上이病院이고꼭治癒를기다리는無病이끝끝내있다

산문적인 이 시의 의미장을 분석해 보면 다음과 같다.

{~(키는)~, ~(커서), ~(다리는)~, ~(길다)•}
{~(키는)~, ~(작어서), ~(다리는)~, ~(짧다)•}
{~(걸어가면)~, ~(부부는)~, ~(되어버린다)•}

이렇게 의미장을 규명하지만 의미가 분명하게 드러나지 않는다. 이러한 난센스가 이상 시의 특성이다. 이 어색함 또는 낯선 모습이 바로 그가 드러내고자 한 의미장일 것이다. 〈오감도 시 제2호〉를 보자.

나의아버지가나의곁에서조을적에나는나의아버지가되고또나는나의아버지의아버지가되고그런데도나의아버지는나의아버지대로나의아버지인데어쩌자고나는자꾸나의아버지의아버지의……아버지가되니나는왜나의아버지를껑충뛰어넘어야하는지나는왜드디어나와나의아버지와나의아버지의아버지와나의아버지의아버지의아버지노릇을한꺼번에하면서살아야하는것이냐

'-는'을 중심으로 이 시의 의미장을 살피면 다음과 같다.

나의아버지가나의곁에서조을적에
나는나의아버지가되고또
나는나의아버지의아버지가되고그런데도나의
아버지는나의아버지대로나의아버지인데어쩌자고
나는자꾸나의아버지의아버지의……아버지가되니
나는왜나의아버지를껑충뛰어넘어야하는지
나는왜드디어나와나의아버지와나의아버지의아버지와나의아버지의아버지의
아버지노릇을
한꺼번에하면서살아야하는것이냐

의도적으로 띄어쓰기를 하지 않은 이 시에서 '-는'의 위치를 쉽게 찾기 위해 앞으로 밀어내어 놓았다. 이 문장들은 거의 의미를 파생하지 않는다. 구태여 의미를 부여하자면 내 안에 내 조상이 들어가 있음을 드러내는 것이라고나 할까? 이 시의 전체집합이 '나, 아버지'라는 점은 이를 방증한다. 비록 그런 의미를 드러내려는 의도가 있었다고 하더라도 반어적인 생소함을 수단으로 삼은 것이다. 〈오감도 시 제3호〉를 정리하면 다음과 같다.

싸움하는
사람은싸움하지아니하던사람이고또싸움하는
사람은싸움하지아니하는사람이었기도하니까싸움하는사람이싸움하는구경을
하고싶거든싸움하지아니하던
사람이싸움하는것을구경하든지싸움하지아니하는사람이싸움
하던구경을하던지싸움하지아니하던사람이나싸움하지아니하
는사람이싸움하지아니하는것을구경하든지하였으면그만이다.

이 시에서 의미장 전체집합은 '사람'이다. 이 '사람'은 '싸움하는 사람, 싸움 안 하는 사람, 구경하는 사람'과 뒤엉켜 있는 의미집합이다. 같은 형태의 시인 〈조감도 운동〉을 살펴보자. '-는'의 출현을 강조하기 위해 행을 임의로 바꾸었다.

一層우에있는二層우에있는三層우에있는옥상정원에올라서남쪽
을보아도아무것도없고
北쪽을보아도아무것도없고해서옥상정원밑에있는三層밑에있는
二層밑에있는一層으로내려간즉
동쪽에서솟아오른태양이서쪽에떨어지고동쪽에서솟아올라서쪽
에떨어지고동쪽에서솟아올라

하늘한복판에와있기때문에시계를꺼내본즉
서기는했으나
시간은맞는것이지만
시계는나보담도젊지않느냐하는
것보담은
나는시계보다는늙지아니하였다고아무리해도믿어지는
것은필시그럴것임에틀림없는고로
나는시계를내동댕이쳐버리고말았다.

앞의 시와 비슷하지만 이 시는 의미발생을 의도적으로 폐기한 듯이 보인다. 따라서 '-는'을 찾아내어 의미장을 밝히려는 시도를 할 필요가 없는 것이다. 다만 의도적인 것이라고 믿기는 어렵지만 후반에 '-는'이 나타나는 곳에서 낭독의 호흡이 빨라지며, 이와 같이 급박해지는 호흡이 시의 효과를 높이는 것으로 보인다.

이렇게 의미 파악을 상실하게 하는 반복적 문장이 나타나는 시로는 〈꽃나무〉와 〈절벽(絕壁)〉을 들 수 있다. '-는'이 드러난 행을 보이면 다음과 같다.

〈꽃나무〉

벌판한복판에꽃나무가하나있소.
근처에는꽃나무하나도없소.
꽃나무는제가생각하는꽃나무를열심으로생각하는것처럼열심으로꽃을피워가지고섰소.
꽃나무는제가생각하는꽃나무에갈수없소.
나는막달아났소.한꽃나무를위하여그러는것처럼
나는참그런이상스러운흉내를내었소.

〈절벽〉

꽃이보이지않는다. 꽃이향기롭다. 향기가만개한다.
나는거기묘혈을판다. 묘혈도보이지않는다. 보이지않은묘혈속에
나는들어앉는다.
나는눕는다. 또꽃이향기롭다.
꽃은보이지않는다. 향기가만개한다.
나는잊어버리고재차거기묘혈을판다.
묘혈은보이지않는다. 보이지않는묘혈로
나는꽃을깜박잊어버리고들어간다.
나는정말눕는다. 아아. 꽃이또향기롭다. 보이지도않는꽃이— 보이지도않는꽃이.

〈꽃나무〉는 '근처에, 꽃나무, 나'를 전체집합으로 하는 의미장을 보이고 〈절벽〉도 '나, 꽃, 묘혈'을 전체집합으로 설정하여 의미장을 만들고 있다. 결국 두 시 모두 같은 전체집합 안에서 의미를 만들고 있는 점으로 보아 동일한 의미장을 드러내는 것으로 볼 수 있다.

이상이 언어를 기계처럼 맞물려 돌아가는 톱니바퀴로 간주했다는 점에서 그가 '-는, -도, -만'의 의미장적 구조를 시의 중요한 뼈대로 사용한 곳이 있는지를 살펴보았다. 완벽하게 적용한 것은 아니지만 〈명경(明鏡)〉에서 그런 시도를 엿볼 수 있다.

여기 한 페-지 거울이 있으니
잊은 계절**에서는**
얹은 머리가 폭포처럼 내리우고

울어도 젖지 않고

맞대고 **웃어도** 휘지 않고
장미처럼 착착 접힌
귀
들여다 **보아도** 들여다 **보아도**
조용한 세상이 **맑기만** 하고
코로는 피로한 향기가 오지 않는다.

만적 만적하는 대로 수심이 평행하는
부러 그러는 것 같은 거절
우편으로 옮겨 앉은 심장일망정 고동이
없으란 법 없으니

설마 그러랴? 어디 촉진 ...... 하고
손이 갈 때 지문이 지문을 가로막으며
선뜩하는 차단뿐이다.
오월이면 하루 한 번이고
열 번이고 외출하고 싶어 하더니
나갔던 길에 안 돌아**오는 수도** 있는 법
거울이 책장 **같으면** 한 장 넘겨서
맞섰던 계절을 만나련만
여기 있는 한 페-지
거울은 페-지의 그냥 표지-

이 시에서 '-는, -도, -만'의 출현은 다음과 같이 정리된다.

계절에서는,	울어도,	웃어도,	보아도,	보아도,	맑기만,
는	**도**	**도**	**도**	**도**	**만**

코로는,	오월이면,	오는 수도,	같으면,	만나련만,	거울은
는	**면**	**도**	**면**	**만**	**은**

이상이 아닌 다른 시인에게서 이런 '-는, -도, -만'의 출현을 찾을 수 없지만, 그가 '-는, -도, -만'을 의도적으로 사용한 것 같지는 않다. 만일 그가 '-는, -도, -만'의 어미가 문장 구성성분 어디에나 첨가될 수 있다는 특이한 점을 인식했다면 그런 모습이 뚜렷이 드러나는 시를 썼을 것이다.

3. 김춘수

김춘수의 시는 본질적으로 산문적이며, 그의 산문성은 의미장에서도 잘 나타난다. 그의 시 〈늪〉을 보자.

늪을 지키고 섰는
저 **수양버들에는**
슬픈 이야기가 하나 있다.

소금쟁이 같은 것 물장군 같은 것
거미리 같은 것
개밥 순채 물달개비 같은 것에도
저마다 하나씩
슬픈 이야기가 있다.

산도 운다는
푸른 달밤이면
나는
그들의 슬픈 혼령(魂靈)을 본다.

갈대가 가늘게 몸을 흔들고
온 늪이 소리없이 흐느끼는 것을
나는 본다.

이 시에서 전체집합으로 나타나는 의미장은 다음과 같다.

{~(수양버들에는)~, ~(이야기가 하나 있다)•}
{~(나는)~, ~(혼령을 본다)•}
{~(나는)~, ~(흐느끼는 것을 본다)•}

의미장 분석을 보면 그 서술이 지극히 산문적임을 알 수 있다. 그것은 '수양버들에는, 이야기가 하나 있다'에서 잘 나타난다. '수양버들에 이야기가 있다'로 서술하는 것이 일반적이다. 이 구절은 '벌판한복판에꽃나무가하나있오'로 시작되는 이상의 〈꽃나무〉를 떠올리게 한다. 문장 구성이 거의 같지만 '-는'의 사용이 문장의 감각을 다르게 만들어 아주 일상적이고 구어적인 투를 드러내는 것이다. 이러한 산문적이고 일상 구어적인 어투는 김춘수의 〈타령조1〉에 잘 드러난다.

사랑이여, **너는**
어둠의 변두리를 돌고 돌다가
새벽녘에사
그리운 그이의
겨우 **콧잔등이나 입 언저리**를 발견(發見)하고
먼동이 틀 때까지 눈이 밝아 오다가
눈이 밝아 오다가, 이른 아침에

파이프나 입에 물고
어슬렁어슬렁 집을 나간 그이가
밤, 자정(子正)이 넘도록 돌아오지 **않는다면**
어둠의 변두리를 돌고 돌다가
먼동이 틀 때까지 사랑이여, 너는
얼마만큼 달아서 병(病)이 되는가,
병(病)이 **되며는**
무당(巫堂)을 불러다 굿을 하는가,
넋이야 넋이로다 넋반에 담고
타고동동(打鼓冬冬) 타고동동(打鼓冬冬) 구슬채찍 휘두르며
역귀신(役鬼神)하는가,
아니면, 모가지에 칼을 쓴 춘향(春香)이처럼
머리칼 열 발이나 풀어뜨리고
저승의 **산하(山河)나** 바라보는가,
사랑이여, **너는**
어둠의 변두리를 돌고 돌다가……

이 시에는 '-는' 어미 외에도 '콧잔등이나 입 언저리를', '파이프나', '저승의 산하(山河)나'에서 '-나'가 나타나고, '넋이야 넋이로다'에서 '-야'가 나타난다. 아마도 타령조를 기조로 삼고 시적 서술이 이루어졌기 때문에 이런 어미가 나타나지만, 이를 시적 구조에 반영하려는 의식은 없었던 것으로 보인다. 그것은 '-는', '-나', '-야'에 대한 구성적인 또는 리듬적인 계획성 없이 처리된 것에서 짐작할 수 있다. 이 시에서 드러나지 않은 이런 리듬적 감각을 드러낸 시로는 다음에 살펴볼 〈서풍부(西風賦)〉를 들 수 있다.

너도 아니고 **그도** 아니고, **아무것도** 아니고 **아무것도** 아니라는데…… 꽃인 듯 눈물인 듯 어쩌면 이야기인 듯 누가 그런 얼굴을 하고 간다 지나간다. 환한 햇빛 속을 손을 흔들며……
아무것도 아니고 **아무것도** 아니고 **아무것도** 아니라는데, 온통 풀냄새를 널어 놓고 복사꽃을 울려 놓고 복사꽃을 울려 놓고 복사꽃을 **울려만** 놓고……
환한 햇빛 속을 꽃인 듯, 눈물인 듯, 어쩌면 이야기인 듯 누가 그런 얼굴을 하고……

이 시 역시 타령조와 비슷한 어투를 사용한다. '-도'는 '너도', '그도', '아무것도'에 반복하여 사용된다. '-는'이 한 번도 사용되지 않은 반면 '-만'이 한 번 사용되어 의미장을 결정한 것은 특이한 점이다. 의미장을 정리하면 다음과 같다.

{(너도, 그도, 아무것도 아니라는데), (누가), ~(지나간다) • }
{(아무것도 아니라는데), (복사꽃을 울려만 놓고), ~(얼굴을 하고 [지나간다]) • }

'-도, -만'의 사용 역시 처음 읽을 때에는 이 어미들이 두드러져 보이지만, 의미장을 분석해 보면 부문장 안으로 밀려들어가 그 느낌이 약화된 것을 볼 수 있다.

4. 김수영

김수영의 〈먼 곳에서부터〉에는 '-는'뿐만 아니라 '-도, -만'도 나타나지 않는다.

먼 곳에서부터
먼 곳으로
다시 몸이 아프다

조용한 봄에서부터
조용한 봄으로
다시 내 몸이 아프다

여자에게서부터
여자에게로

능금꽃으로부터
능금꽃으로

나도 모르는 사이에
내 몸이 아프다

그러나 〈눈〉에는 어미가 계획적으로 출현하는 것을 볼 수 있다. 이런 계획적 출현은 시에서 처음 나타나는 것으로 보인다.

눈은 살아 있다
떨어진 **눈은** 살아 있다

마당 위에 떨어진 **눈은** 살아 있다

기침을 하자
젊은 詩人이여 **기침을** 하자

눈 위에 **대고 기침을** 하자
눈더러 보라고 **마음놓고 마음놓고**
기침을 하자

눈은 살아 있다
죽음을 잊어버린 영혼과 **육체를** 위하여
눈은 새벽이 지나도록 살아 있다

기침을 하자
젊은 詩人이여 **기침을** 하자
눈을 바라보며
밤새도록 고인 가슴의 **가래라도**
마음껏 뱉자

읽는 리듬과 맞춘 듯한 느낌이 강한데, 어미를 정리해 보면 다음과 같다.

기침을,	기침을,	대고,	보라고,	마음놓고,	마음놓고,	기침을,	죽음을,
을	을	고	고	고	고	을	을

육체를,	기침을,	기침을,	눈을,	가래라도
를	을	을	을	라도

위에 나열한 단어들 사이의 간격을 조절하기 위해 그 사이에 삽입되는 단어들의 길이를 조절한 것으로 보인다. 이는 첫 연에서 가장 잘 나타난다. 음절 수만큼 점을 찍어 표시하면 다음과 같다.

눈은 살아 있다
. . . **눈은** 살아 있다
. . . . **눈은** 살아 있다

이런 리듬적 처리는 그의 〈꽃잎(2)〉에서도 잘 나타난다. 첫 두 연만 제시하면 다음과 같다.

꽃을 주세요 우리의 고뇌를 위해서
꽃을 주세요 뜻밖의 일을 위해서
꽃을 주세요 아까와는 다른 시간을 위해서
노란 꽃을 주세요 금이 간 꽃을
노란 꽃을 주세요 하얘져 가는 꽃을
노란 꽃을 주세요 넓어져 가는 소란을

김수영은 이처럼 한국어의 운율에 새로운 시도를 보인다. 그의 〈풀〉 역시 그러한 좋은 예가 된다. 이 시에서 두운은 운율에 의해 조정되고 각운은 의미장을 형성한다. 따라서 주부에는 '-는, -도, -만'이 나타나지 않는다. 시 전문을 보이면 다음과 같다.

풀이 눕는다
비를 몰아오는 동풍에 나부껴

풀은 눕고
드디어 울었다
날이 흐려서 더 울다가
다시 누웠다

풀이 눕는다
바람보다도 더 빨리 눕는다
바람보다도 더 빨리 울고
바람보다도 먼저 일어난다

날이 흐리고 풀이 눕는다
발목까지
발밑까지 눕는다
바람보다 늦게 누워도
바람보다 먼저 일어나고
바람보다 늦게 울어도
바람보다 먼저 웃는다
날이 흐리고 풀뿌리가 눕는다

이 시에서 주어부를 이루는 주요 단어와 술어부의 주요 단어를 모아 보면 다음과 같다. 연속적으로 반복되는 단어는 한 번만 예시했다.

> {풀이, 풀은, 날이, 바람보다도, 날이, 발목까지, 발밑까지, 바람보다, 날이, 풀뿌리가}
>
> {눕는다, 나부껴, 눕고, 울었다, 흐려서, 울다가, 누웠다, 눕는다, 울고, 일어난다, 눕는다, 누워도, 일어나고, 울어도, 웃는다, 흐리고, 눕는다}

주어부를 이루는 주요 단어와 술어부의 주요 단어가 반복적으로 등장하고 의미적으로 큰 변화를 피하는 듯이 보인다. 이는 문자의 구성 자체를 운율적으로 처리하려 했음을 보여 준다. 서정주의 시가 행 끝에 '-는'을 첨가해 행의 끝을 치켜올리는 수법과 유사하다. 그러나 이 시에서 우리는 그런 부분적인 변화가 아닌, 문장 전체를 아예 운율에 귀속시켜 버린 느낌을 받게 된다.

5. 대중가요의 경우

노래 가사로서의 시는 일반적인 시와는 조금 다른 성격을 띠고 있다. 그렇게 보는 이유는 가사가 노래로 불릴 것을 염두에 두고 만들어지기 때문이다. 대중가요의 가사로 쓰일 것이라는 전제는 단어의 선택과 시의 길이에 영향을 준다. 또한 유절 형식으로 써야만 한다. 그것은 1, 2, 3절이 터무니없이 다른 형식으로 쓰여질 수 없음을 뜻한다.

지금까지 살펴본 시와는 달리, 가요의 가사는 개인의 취향에 의해 변화되지 않는다. 대중이 이 노래를 좋아해야 한다는 전제하에 생산되기 때문이다. 다르게 말하면, 팔려야 하는 것이다. 노래가 생산되고 전달되고 소비된다는 점에서 보면 가사의 변화 역시 사회·경제적 구조 내에서 이루어지는 일이다. 따라서 그 변화는 더디겠지만 변화의 의미는 개개의 시집에 나타나는 현상에 비교할 수 없는 막강한 힘을 지닌다. 이러한 느린 변화를 전제하고 대중가요의 가사를 연대기적으로 나열하면서 중간 중간 필요한 언급을 할 것이다.

학도가

학도야 학도야 청년 학도야
벽상의 괘종을 들어보아라
소년이로(少年易老)에 학난성(學難成)하니
일촌광음(一寸光陰)도 불가경(不可輕)일세
청산 속에 묻힌 옥도 갈아야만 광채나고
낙락장송(落落長松) 큰 나무도
깎아야만 동량(棟梁) 되네

황성 옛터 (1932)

황성 옛터에 밤이 되니 월색만 고요해
폐허에 서린 회포를 말하여 주노라
아 외로운 저 나그네 홀로이 잠 못 이뤄
구슬픈 벌레 소리에 말없이 눈물져요

눈물 젖은 두만강 (1938)

두만강 푸른 물에 노 젓는 뱃사공
흘러간 그 옛날에 내 님을 싣고 떠나간
그 배는 어디로 갔소 그리운 내 님이여
그리운 내 님이여 언제나 오려나

홍도야 우지 마라 (1938)

사랑을 팔고 사는 꽃바람 속에
너 혼자 지키려는 순정의 등불
홍도야 울지 마라 오빠가 있다
아내의 나갈 길을 **너는** 지켜라

목포는 항구다 (1942)

영산강 안개 속에 기적이 울고
삼학도 등대 아래 갈매기 우는
그리운 내 고향 **목포는** 항구다
목포는 항구다 똑딱선 운다

찔레꽃 (1942)

찔레꽃 붉게 피는 남쪽나라 내 고향
언덕 위에 초가삼간 그립습니다
자주고름 입에 물고 눈물 젖어
이별가를 불러주던 못 잊을 사람아

고향 만 리 (1947)

남쪽 나라 십자성은 어머님 얼굴
눈에 익은 너의 모습 꿈속에 **보면**
꽃이 피고 새가 우는 바닷가 저편에
고향산천 가는 길이 고향산천 가는 길이 절로 보인다

비내리는 고모령 (1947)

어머님의 손을 놓고 떠나올 **때엔**
부엉새도 울었다오 나도 울었소
가랑잎이 휘날리는 산마루턱을
넘어오던 그날 밤이 그리웁고나

아 신라의 밤이여 (1947)

아 신라의 밤이여 불국사의 종소리 들리어온다
지나가는 나그네야 걸음을 멈추어라
고요한 달빛어린 금옥산 기슭 위에서
노래를 불러 보자 신라의 밤 노래를

울고 넘는 박달재 (1948)
천둥산 박달재를 울고 넘는 우리 임아
물항라 저고리가 궂은비에 젖는구려
왕거미 집을 짓는 고개마다 구비마다
울었소 소리쳤소 이 가슴이 터지도록

지금까지의 가사에서 볼 수 있듯이 '-는'이 나타나지 않는 것이 보통이다. 〈눈물 젖은 두만강〉에 나타난 '그 배는'이라든지 〈홍도야 우지 마라〉에 나타난 '그 배는' 등은 강한 의미장을 만드는 역할을 하지 않는다. 그러나 〈목포는 항구다〉에서는 문제가 좀 다르다. 이 노래가 대중에게 낯설음의 효과를 안기면서 인기를 누리게 된 이유 중 하나가 아마도 '목포는 항구다'로 나타난 가사와 그 제목일 것이다. 〈목포는 항구다〉의 경우 정의 또는 명제를 드러내는 언급으로, 아마도 대중가요의 가사에서 꺼려하는 서술 양식이다. 적어도 지금까지의 다른 가요의 가사를 보면 수긍할 수밖에 없다. 이런 묘미는 다음에 보이는 노래들에서 '당신은 철사줄로'라든지 '낮이면 밭에 나가, … 밤이면 사랑방에'와 같이 조심스럽게 시도된다.

굳세어라 금순아 (1953)
눈보라가 휘날리는 바람 찬 흥남부두에
목을 놓아 불러봤다 찾아를 봤다
금순아 어디로 가고 길을 잃고 헤매었더냐
피눈물을 흘리면서 일사 이후 나 홀로 왔다

물레방아 도는 내력 (1953)
벼슬도 싫다만은 명예도 싫어
정든 땅 언덕 위에 초가집 짓고

낮이면 밭에 나가 길쌈을 매고
밤이면 사랑방에 새끼 꼬면서
새들이 우는 속을 알아보련다

이별의 부산 정거장(1953)
보슬비가 소리도 없이 이별 슬픈 부산 정거장
잘 가세요 잘 있어요 눈물의 기적이 운다
한 많은 피난살이 설움도 많아
그래도 잊지 못할 판잣집이여
경상도 사투리에 아가씨가 슬피 우네
이별의 부산 정거장

방랑 시인 김삿갓(1953)
죽장에 삿갓 쓰고 방랑 삼천 리
흰 구름 뜨는 고개 넘어가는 객이 누구냐
열두 대문 문간방에 걸식을 하며
술 한 잔에 시 한 수로 떠나가는 김삿갓

백마야 울지 마라(1953)
백마는 가자 울고 **날은** 저문데
거치른 타관길에 **주막은** 멀다
옥수수 익어가는 가을 벌판에
또다시 고향 생각 엉키는구나
백마야 백마야 울지를 마라

단장의 미아리고개(1956)
미아리 눈물고개 님이 떠난 이별고개
화약연기 앞을 가려 눈 못 뜨고 헤매일 때

당신은 철사줄로 두 손 꽁꽁 묶인 채로
뒤돌아보고 또 돌아보고 맨발로 절며 절며
끌려가신 이 고개여 한 많은 미아리고개

동백아가씨 (1964)
헤일 수 없이 수많은 밤을
내 가슴 도려내는 아픔에 겨워
얼마나 울었던가 동백아가씨
그리움에 지쳐서 울다 지쳐서
꽃잎은 빨갛게 멍이 들었소

돌아와요 부산항에 (1972)
꽃피는 동백섬에 봄이 **왔건만**
형제 떠난 부산항에 갈매기만 슬피 우네
오륙도 돌아가는 연락선마다
목메어 불러봐도 대답 없는 내 형제여
돌아와요 부산항에 그리운 내 형제여

1970년대에 이르면 '-는'의 사용이 좀 더 과감해진다. 〈고래사냥〉의 '가슴에는, 세계는, 하나는', 〈섬마을 선생님〉의 '이름은', 〈그때 그 사람〉의 '비가 오면' 등은 이전의 가사에서는 감히 '-는'을 붙일 수 없는 단어들이다.

고래사냥 (1976)
술 마시고 노래하고 춤을 춰 봐도 **가슴에는** 하나 가득 슬픔뿐이네
무엇을 할 것인가 둘러보아도 보이는 건 모두가 돌아앉았네
자 떠나자 동해 바다로 삼등 삼등 완행열차 기차를 타고
간밤에 꾸었던 꿈의 **세계는** 아침에 **일어나면** 잊혀지지만

그래도 생각나는 내 꿈 **하나는** 조그만 예쁜 고래 한 마리
자 떠나자 동해바다로 신화처럼 숨을 쉬는 고래 잡으러

섬마을 선생님 (1977)
해당화 피고 지는 섬마을에
철새 따라 찾아온 총각 선생님
열아홉 살 섬 색시가 순정을 바쳐
사랑한 그 **이름은** 총각 선생님
서울엘랑 가지를 마오, 가지를 마오

그때 그 사람 (1978)
비가 **오면** 생각나는 그 사람
언제나 말이 없던 그 사람
사랑의 괴로움을 몰래 감추고
떠난 사람 못 잊어서 울던 그 사람
그 어느 날 차 안에서 내게 물었지
세상에서 제일 슬픈 게 뭐냐고
사랑보다 더 슬픈 건 정이라며
고개를 떨구던 그때 그 사람

〈남자는 배 여자는 항구〉에서는 좀 더 과감한 의미장이 드러난다. 앞서 〈목포는 항구다〉에서처럼 진리인 양 거드름을 피우는 모습이 엿보이고 이것이 대중에게 유머를 담은 제스처로 받아들여진 것이다. 이런 모습은 미괄 모티브 양식의 출발인 〈아침이슬〉에 먼저 나타난다. '태양은', '더위는'의 두 단어는 기존의 대중가요에는 금기적 단어일 법하다는 느낌마저 준다. 더욱이 여기에 의미장적 전체집합을 강하게 부여한 것은 대중들에게는 섬뜩한 일이었을 것이다. 그 다음에 보이는 〈호랑나비〉의 멜로디는 새롭지만 가사는 복고적이어서 '-는'

이 출현하지 않는다. '-는'에 대한 과감한 접근은 〈바람바람바람〉에 나타난다. '문밖에는, 내 님은, 저 멀리엔, 언제 님은, 내 님은, 그대 이름은'이 그것이고 이에 더해 부분집합으로 정의했던 '오늘도'까지 나타난다.

아침이슬 (1971)

긴 밤 지세우고 풀잎마다 맺힌
진주보다 더 고운 아침이슬처럼
내 맘에 설움이 알알이 맺힐 때
아침동산에 올라 작은 미소를 배운다
태양은 묘지 위에 붉게 떠오르고
한낮에 찌는 **더위는** 나의 시련일지라
나 이제 가노라 저 거친 광야에
서러움 모두 버리고 나 이제 가노라

남자는 배 여자는 항구 (1987)

언제나 찾아오는 부두의 이별이 아쉬워 두 손을 꼭 잡았나
눈 앞에 바다를 핑계로 헤어지나
남자는 배 **여자는** 항구
보내주는 **사람은** 말이 없는데 떠나가는 남자가 무슨 말을 해
뱃고동 소리도 울리지 마세요
하루하루 바다만 바라보다 눈물지으며 힘없이 돌아오네
남자는 남자는 다 모두가 그렇게 다
아~ 아~ 이별의 눈물 보이고 돌아서면 잊어버리는
남잔 다 그래

바람바람바람 (1985)

문 밖에는 귀뚜라미 울고 산새들 지저귀는데
내 **님은 오시지는** 않고 어둠만이 짙어가네
저 **멀리엔** 기타소리 귓가에 들려오는데
언제 **님은** 오시려나 바람만 휭하니 부네
내 **님은** 바람이련가 스치고 지나가는 바람
오늘도 잠 못 이루고 어둠 속에 잠기네
그대 **이름은** 바람바람바람
왔다가 사라지는 바람
그대 **이름은** 바람바람바람
날 울려놓고 가는 바람

호랑나비 (1989)

아싸~ 호랑나비 한 마리가 꽃밭에 앉았는데
도대체 한 사람도 즐겨 찾는 이 하나 없네
아싸~ 하루 이틀 기다려도 도대체 사람 없네
이것 참 속상해 속상해 못 살겠네
호랑나비야 날아봐 하늘 높이 날아봐
호랑나비야 날아봐 구름 위로 숨어봐

이후 가요의 가사에 '-는'에 대한 조심스러움 내지 금기적 접근은 사라진다. 다음의 노래들이 그러한 예들이다. 〈만남〉에서 '우리의 만남은'이란 가사는 쉽게 지나칠 수 없는 부분이다. 일상어에서도 잘 사용되지 않는 표현이 대중가요의 가사에 나타난 것이다. '그것은' 역시 산문에 적합한 단어다. 이러한 산문적 전환은 〈희나리〉에서 절정을 이룬다. 〈희나리〉는 산문적일 뿐 아니라 의미장에서도 '-는'의 사용이 과감하다. 이에 비해 가사의 내용은 산문적이지만 '-는'의 사용에 소극적인 노래는 〈이연〉과 〈낭만에 대하여〉이다. 이 두 노래는 가사가 산문화되었지만, 의미장의 관점에서 보면 '-는'의 사용을 조심스러워하는 복고적 성격을 지니고 있다.

잊혀진 계절 (1982)

지금도 기억하고 있어요 시월의 마지막 밤을
뜻 모를 이야기만 남긴 채 **우리는** 헤어졌어요
그날의 쓸쓸했던 표정이 그대의 진실인가요
한 마디 변명도 못하고 잊혀져야 하는 건가요
언제나 돌아오는 **계절은** 나에게 꿈을 주지만
잊을 수 없는 **꿈은** 슬퍼요 나를 울려요

사랑의 미로 (1985)

그토록 다짐을 **하건만 사랑은** 알 수 없어요
사랑으로 눈먼 **가슴은** 진실 하나에 울지요
그대 작은 가슴에 심어 준 사랑이여
상처를 주지 마오 영원히
끝도 시작도 없이 아득한 사랑의 미로여

희나리 (1985)

사랑함에 세심했던 나의 마음이 그렇게도 **그대에겐** 구속이었소
믿지 못해 그런 것이 아니었는데 어쩌다가 헤어지는 이유가 됐소
내게 무슨 마음에 병이 있는 것처럼 느낄 만큼 알 수 없는 사람이 되어
그대 외려 나를 점점 믿지 못하고 왠지 나를 그런 쪽에 가깝게 했소
나의 **잘못이라면** 그대를 위한 내 마음의 전부를 준 것뿐인데
죄인처럼 그대 곁에 가지 못하고 남이 아닌 남이 되어 버린 지금에
기다릴 수밖에 없는 나의 **마음은** 퇴색하기 싫어하는 희나리 같소

만남 (1989)

우리 **만남은** 우연이 아니야
그것은 우리의 바램이었어
잊기엔 너무한 나의 운명이었기에
바랄 **수는 없지만** 영원을 태우리
돌아보지 마라 후회하지 마라
아~ 바보 같은 눈물 보이지 마라
사랑해 사랑해 너를 너를 사랑해

이연 (1990)

시간이 흘러가도 그냥 그대로
살아서 숨을 쉬는 기억이 있어 지금
흔들리는 눈빛 속에서 가득 담긴 추억이 울고 있네
내 곁에 맴을 도는 이별의 흔적
어디에도 시선 둘 곳 없이
우리 이 세상을 등질 때까지 서로 다른 인연으로 살겠지
하지만 그것이 우리의 **끝은** 아니야
우리 사랑을 간직하고 살면서
착하고 따뜻한 마음 가지고 살아가다가 같은 때에 세상 **떠나면**
눈뜨고 **우린** 다시 태어나서 또다시 만나서 사랑할 거야
그땐 이별 없이 죽는 날까지 그대 곁에 있어 살아갈 테야

낭만에 대하여 (1997)

궂은 비 내리는 날 그야말로 옛날식 다방에 앉아
도라지 위스키 한 잔에다 짙은 색소폰 소릴 들어 보렴
샛빨간 립스틱에 나름대로 멋을 부린 마담에게
실없이 던지는 농담 사이로 짙은 색소폰 소릴 들어 보렴
이제와 새삼 이 나이에 실연의 달콤함이야 **있겠냐마는**
왠지 한 곳이 비어 있는 내 가슴이 잃어버린 것에 대하여

복고적이라는 관점에서 보자면 '-하지만, 떠나면, 있겠냐마는' 등은 앞서 살핀 시조의 의미장의 한 유형을 이어받은 것으로 보인다. 앞선 장에서 살핀 시조에 다음과 같이 나타난 것이다.

이화에 월백하고 은한이 삼경인데
일지춘심을 자규야 **알라마는**
다정도 병인 양하여 잠 못 들어 하노라

울며 잡은 소매 떨치고 가지 마소
초원 장제에 해 다 져 저무르니
객창에 잔등 돋우고 앉아 **보면** 알리라

이 의미장의 연결, 즉 '-마는, -하노라'와 '-보면, -리라'는 시조 의미장의 한 유형인 것으로 보인다. 대중가요가 이를 답습한 것은 자연스러운 일이다.

지금까지 1930년대부터 1990년대에 이르기까지 유행했던 대중가요를 중심으로 그 의미장의 변화를 살펴보았다. 간단히 말하면 '-는'을 전혀 사용하지 않는 개방적인 의미장에서 '-는'의 사용에 대한 금기를 없애고 구체적인 단어에까지 이를 사용하는 변화를 볼 수 있었다. 이는 산문화, 탈신비화의 과정일 것이다. 이는 대중들의 취향의 과감성 또는 선택의 자유라는 지적 변화를 뜻하는 것으로 보아도 무방하다.

제5장 산문의 의미장

1. '-는'의 적절한 사용

산문의 의미장은 시보다 훨씬 자유롭다. 운율의 규제도 없고 시적 이미지를 돋우기 위한 다른 장애물도 없기 때문이다. 그러나 지금까지 '-는, -도, -만'의 사용에 대한 분명한 규범적 안내가 없었기 때문에 메시지 전달이 원활하지 못한 경우를 많이 볼 수 있다. 다음에서는 신문에 실렸던 글을 예문으로 삼아 원문의 첫 문장만을 분석해 보기로 한다. '-는'을 사용한 부분을 굵은 글씨로 나타냈다.

〈개발독재 시대가 그립다고요?〉

5월에는 화사한 날씨 생각에 가벼운 마음이 큰 정치적 사건을 회고할 **때면** 착잡해진다. 1961년 5월 16일 군부는 민주정부의 무능을 바로잡겠다고 정치에 개입했다. 그 후 17년에 걸친 '박정희 시대'에 경제개발의 기치가 내세워지고 독재가 구축되었다. '기아선상에서 허덕이는 민생고'는 해결되고 경제강국의 기초가 다져졌다. 그런가 하면 1980년 5월 18일 광주 시민들이 엄청난 희생을 무릅쓰고 정치에 개입한 신군부에 항거했다. 이는

1987년 6월항쟁으로 이어져 민주체제로의 이행을 가능하게 했다.

이 글의 첫 문장을 분석하면 다음과 같다.

{(5월에는), (마음이), (사건을 회고할 때면), (착잡해진다)}

이 문장에는 '-는'이 세 군데 등장해 의미가 명확하지 않다. {(5월에는), (마음이), (착잡해진다)} 또는 {(사건을 회고할 때면), (마음이), (착잡해진다)}와 같이 수정하면 의미가 분명해진다. 이렇게 문장을 고쳐 보면 다음과 같다.

① 화사한 날씨 생각에 가벼운 마음이 큰 정치적 사건을 회고할 **때면 착잡해진다**.
① **5월에는** 화사한 날씨 생각에 가벼운 마음이 **착잡해진다**.

의미장 하나를 제거한 위의 두 문장 중 첫 번째 문장 구조로 전체를 수정해 보이면 다음과 같다. 더 바르게 쓰자면 아래 적은 두 번째 문장이 될 것이다.

① 화사한 날씨 생각에 가벼운 마음이 5월의 큰 정치적 사건을 회고할 때면 착잡해진다.
② 화사한 날씨 생각에 가벼워진 마음이 5월의 큰 정치적 사건을 회고할 때면 착잡해진다.

다음에는 '-는'의 사용을 절약하며 문단에 나타나는 의미장의 통일성을 유지하는 좋은 구조의 글을 살펴보기로 한다.

〈방글라데시 노동자들의 눈물〉

1964년 12월 서독 루르 공업지대의 함보른시 강당에 300여 명의 한국인 광부와 간호사들이 모였다. 우리 1인당 GDP가 80달러였던 시절, 차관(借款)을 얻으려고 서독을 방문한 박정희 대통령 내외를 맞는 행사였다. 매일 새벽 4시 막장으로 출근하며 "글릭 아우프(Glueck auf, 살아서 돌아오라)!"를 인사로 주고받던 **광부들은** 고향서 온 부모를 맞는 것 같은 설렘과 감회에 빠졌다.

▶ 애국가를 부를 때부터 행사장엔 흐느낌이 시작됐다. 박 대통령이 인사말을 했다. "여러분, 우리의 가난을 한탄하지 마십시오. 이게 무슨 꼴입니까. 나라가 못사니까 젊은이들이 이 고생을 하는 걸 생각하니 내 가슴에서 피눈물이 납니다. **우리만은** 후손들에게 잘사는 나라를 물려줍시다." 대통령도 울고 모두가 울었다. 한 해 파독(派獨) 광부와 간호사들이 벌어서 송금한 **외화는** 우리나라 상품 수출액의 10%에 이를 만큼 큰돈이었다. 낯설고 고단한 땅에서 열심히 살던 **그들은** 대통령의 한마디 한마디에서 더없는 위로와 힘을 얻었다.

▶ 지금도 아시아와 아프리카의 가난한 나라 노동자들이 해외에서 벌어 고국으로 보내는 **돈은** 그 나라 살림에 큰 보탬이 된다. 1인당 GDP 500 달러로 세계 최빈국(最貧國) 중 하나인 **방글라데시는** 이런 송금액이 매년 100억 달러에 달한다. 우리나라에만 방글라데시 노동자가 불법체류자까지 합쳐 2만 명 가까이 있는 것으로 추산된다.

▶ 그제 서울 장충체육관서 열린 '2010 방글라데시 페스티벌'이 마침 방한 중인 셰이크 하시나 총리가 참석하면서 감격의 마당이 됐다고 한다. 방글라데시 노동자 1500여 명 앞에서 하시나 **총리는** "여러분의 노력 덕에 나라 경제가 발전하고 있다. 여러분 한명 한명이 한국에 와 있는 방글라데시 대사"라고 격려했다. "**방글라데시는** 결코 작고 가난한 나라가 아닙니다. 조국의 미래를 위해 함께 노력합시다." **참석자들은**

"방글라데시 만세!"를 외치며 눈물의 만세삼창을 했다.

▶ 우리가 **이만큼 살게 된 데는** 100여 년 전 하와이 사탕농장 노동자부터 파독 광부·간호사와 중동 근로자에 이르기까지 해외에 나가 피땀 흘린 이들의 노고가 있었다. 방글라데시 노동자들의 '눈물의 만세삼창'을 보며 우리가 독일에서 그들과 같은 심정으로 서로 부둥켜안고 설움에 북받쳐 울던 그때 그 시절을 떠올린다. 파이팅, 방글라데시!

의미장의 변화를 살펴보면 다음과 같다(산문에서는 개/폐집합 표시는 생략한다).

첫 문단 {(광부들은)–(감회에 빠졌다)}

▶ {(우리만은)–(잘사는 나라를 물려줍시다), (외화는)–(큰돈이었다), (그들은)–(힘을 얻었다)}

▶ {(돈은)–(보탬이 된다), (방글라데시는)–(100억 달러에 달한다)}

▶ {(총리는)–(격려했다), (방글라데시는)–(가난한 나라가 아닙니다), (참석자들은)–(만세삼창을 했다)}

▶ {(이만큼 살게 된 데는)–(노고가 있었다)}

이번에는 좀 긴 문장을 살펴보기로 한다. 역시 시사적인 내용의 신문 기사를 옮겨 본다. 문단 나눔은 원문의 것을 따랐다. 인명은 '○○'으로 표시했고 'K교수'는 그대로 두었다. '-는'을 사용한 부분을 역시 굵은 글씨로 나타냈다.

〈'아니면 말고' 선동, 3진 아웃 시켜야〉

"영종도 신국제공항 계획은 취소하는 것이 마땅하다 … 역사적으로 많은 나라가 턱도 없이 분수에 넘치는 큰 토목공사를 **벌이고는** 국론이 갈라지고 경제가 파탄 나서 망해 왔다 … 비행장을 짓느라고 국토와 국고를 절단내는 것은 어리석은 일이다." 1993년 '영종 신공항 건설의 문제점과 대책'이라는 심포지엄에서 발표된 K교수의 논문 결론이다. **K교수는** 같은 해 신문 **기고문에선** "영종도 **공항은** 조사하면 할수록 어처구니없는 사실들이 발견돼 이 공항은 반드시 중단돼야 한다는 확신을 가지고 있다"고 썼다.

2001년 개항한 **인천국제공항은** 2005년부터 2009년까지 5년간 '공항분야 노벨상'이라는 세계공항서비스 평가 1위를 차지했다. 1993년 평가가 시작된 이후 한 공항이 5년 연속 **1위를 한 것은** 처음이다. 인천공항이 얻은 5점 만점에 4.99점 역시 역대 최고(最高)점수다.

○○**스님은** 경부고속철 천성산 터널공사 중단을 요구하며 2003년 2월부터 2005년 2월까지 네 차례에 걸쳐 241일 동안 단식을 했다. '천성산에 사는 도롱뇽 친구들을 구하기 위해서'였다. **경부고속철은** 굴착기를 가로막는 ○○스님의 현장 점거로 100일간(2004년 3월 4일~6월 11일), 공사중지 가처분소송 항고 판결이 나올 때까지 96일간(2004년 8월 26일~11월 29일), 환경영향평가 조사결과를 기다리느라 93일간(2005년 8월 29일~11월 29일) 등 모두 289일 동안 공사 차질을 빚었다.

대법원은 2006년 3월, ○○스님 등이 낸 공사 중지 가처분소송에 대해 "법률적 근거 없이 환경보호라는 막연한 주장만으로 공공사업을 중단시킬 수 없다"며 최종적인 기각 결정을 내렸다. **대법원은** 2009년 4월엔 ○○스님이 "24차례 터널공사 진행을 방해했다"며 업무방해 혐의 유죄를 확정 지었다.

'하늘 길'과 '산(山)길'을 막는 데 앞장섰던 **두 사람은** 요즘 '강(江)길' 저지로 투쟁코스를 옮겼다. **K교수는** 언론 인터뷰에서 "엄청난 돈을 강에 쏟아 부어 토목공사를 하겠다는 것을 납득할 수 없다"며 17년 전과 비슷한

레퍼토리를 부르고 있다. ○○**스님은** 지난달 ○○○ 국토해양부 장관이 "4대강에 대한 허위사실을 유포하고 있다"며 검찰에 고소했다. 천성산 터널 저지과정에서 축적한 법정투쟁 노하우를 재활용하고 있는 것이다.

'코드 안 맞는 정부'에 대한 **반대는** 우리나라에서 거의 업종(業種)차원으로 발전했다. 정부가 큰일을 벌일 때마다 조건 반사적으로 반대투쟁에 나서는 단체와 사람들이 분야별로 정해져 있다. 이들의 **비즈니스는** 로드맵이 정해져 있다. 공항을 지으려 해도, 고속철을 건설하려 해도, 미군 기지를 옮기려 해도, 쇠고기를 수입하려 해도, 강을 정비하려 해도 **이들은** 늘 수백개 단체 이름을 묶어 '범국민대책위원회'(범대위)라는 것을 만든다. 거국적인 반대 여론이 형성된 듯한 착시(錯視)현상을 불러일으키기 위해서다.

이들은 나라의 명운이 경각(頃刻)에 달린 것처럼 국민에게 겁을 주며 선동한다. 그러나 한두 달이 흐르고 국민 눈이 밝아질 **때쯤이면** 슬그머니 빠져나가 다음 먹잇감을 찾는다. 광우병 시위 2주년을 맞아 조선일보 취재팀이 만난 '그때 그 사람들'의 **고백은** 분노를 넘어 실소(失笑)를 자아내게 한다. "미국에서 25만~65만 명의 광우병환자가 치매환자로 은폐돼 사망했다"고 했던 전 농림부 **장관은** "올해 한 달 동안 햄버거를 여섯 차례 먹으며 미국 여행을 했다"고 천연덕스럽게 말했다. 전경이 여성 시위자를 성폭행했다는 허위 사실을 인터넷에 올려 시위대를 흥분시켰던 30대 **예술가는** "인터넷 게임에서 '당했다'는 의미로 쓰이는 강간이란 용어를 사용한 것"이라며 "어차피 인터넷 글의 99%는 쓰레기 아니냐"고 했다.

이들의 허위 **선동은** 국민 가슴에 근거 없는 증오를 심고, 막대한 국가 예산을 낭비하게 만든다. 대한민국이 선진국 문턱을 넘는 데 모여야 할 국가 에너지가 이들 때문에 분산된다고 해도 틀린 말이 아니다. 그럼에도 **이들은** 투쟁쟁점이 바뀔 때마다 무대에 다시 등장해 박수를 받으며 영웅 행세를 한다. 이들의 반복되는 횡포를 더 이상 방치해선 안 된다. 이들이 그때그때 내뱉는 말과 저지르는 행위들을 낱낱이 기록해 둬야 한다. 그래서 이들의 전과(前科)가 세 차례 **쌓이면** 추방 명령을 내려야 한다. "당신은 이제 아웃이야."

이 글에서 처음 나타난 '벌이고는'의 경우 말한 사람은 '벌이고 난 다음에는'의 줄임의 의미를 지니기 원했을 것이다. 그러니 잘못된 줄임으로 보아야 할 것이다. 다음의 'K교수는'을 살펴보자. 의미장을 분석해 보면 다음과 같다.

{(교수는), (기고문에선), ("[공항은 어처구니없는 사실들이 발견돼 이 공항은 반드시 중단돼야 한다는 확신을 가지고 있다]"고), (썼다)}

여기에 두 가지 문제가 제기된다. 우선 인용문이 아닌 필자의 글에 등장하는 두 개의 '-는'(교수는, 기고문에선)은 소통에 지장을 주는 것이 아닐지라도 하나가 없어야 맞을 것이다. 그리고 인용문에도 다음과 같이 '-는'이 중복된다.

"(**공항은** 어처구니없는 사실들이 발견돼), (이 **공항은** 반드시 중단돼야 한다)는 확신을 가지고 있다"

이는 다음과 같이 고쳐야 정확한 의미전달이 이루어질 것이다.

공항 건설 과정에서 어처구니없는 사실들이 발견돼, **이 공항의 공사는** 반드시 중단돼야 한다는 확신을 **나는** 가지고 있다.

다음의 문장도 조금 수정할 필요가 있다. 원문과 수정된 문장을 보이면 다음과 같다.

원 문: ○○스님은 지난달 ○○○ 국토해양부 장관이 "4대강에 대한 허위사실을 유포하고 있다"며 검찰에 고소했다.

수정 1: ○○스님은 지난달 "○○○ 국토해양부 장관이 4대강에 대한 허위사실을 유포하고 있다"며 검찰에 고소했다.

수정 2: ○○스님은 지난달 ○○○ 국토해양부 장관을 "4대강에 대한 허위사실을 유포하고 있다"며 검찰에 고소했다.

'장관'의 앞으로 따옴표(")를 옮기든지, 아니면 '장관이'를 '장관을'로 바꾸어야 할 것이다. 다음으로 '이들의 비즈니스는 로드맵이 정해져 있다'는 '이들의 비즈니스에는 로드맵이 정해져 있다'로 바꾸어야 할 것이다.

2. 한 문장에 하나의 의미장

다음 글은 시사적인 사설로, 좀 길지만 전문을 싣는다. 이 글의 필자는 문장마다 '-는'을 사용하는 경향을 보인다. 의미장 분석에서 행을 바꾸어 '-는'의 출현을 잘 보이게 나타내었고 '-는'이 없는 문장은 (---)로 표시하였다.

〈김정일의 중국 외출〉

1) 김정일의 중국 외출 **무대는** 요란했다. 주도면밀한 '시위'였다. 중국 후진타오(胡錦濤) 국가주석과 북한 김정일 국방위원장의 **연출은** 치밀했다. **김정일은** 극진한 대접을 받았다. 중국 공산당 정치국 상무위원 9명 모두가 외출 쇼에 등장했다. 김정일의 동선에 처진 **장막과 보안은** 유별났다. 그것을 신비주의와 파격으로 위장, 포장하는 **장면은** 낡은 소극(笑劇)이다. 하지만 그 **수법은** 특이한 인상 효과를 거뒀다.

2) 무대 연출의 **초점은** 두 나라 동맹의 과시에 있었다. **후진타오는** "우호를 대대손손 계승하는 것이 공통적 역사적 책임"이라고 말했다. **김정일은** "양국의 선대 지도자들이 손수 맺어 정성껏 키워낸 우의관계"라고 강조했다. 선대 **지도자들은** 김일성과 마오쩌둥(毛澤東)이다. **올해는** 6·25전쟁 60주년이다. **중국은** 항미원조(抗美援朝) 전쟁으로 부른다. 미국에 대항해 북한(조선)을 원조한 전쟁이다. 그때 중국인민지원군 18만 명이 숨졌다.

3) **김 위원장은** 귀로에 그 유적지를 들렀다. 중국의 선양(瀋陽) 근처에 있는 '항미원조 열사능원(烈士陵園)'에 참배했다. 그 **입구엔** 23m 높이의 추모탑이 있다. 혈맹의 과시다. 지난해 10월 원자바오(溫家寶) 총리의 북한 방문 때도 그랬다. **그는** 평남 회천의 '중국인민 지원군 열사 능'을 찾았다. 그곳에 6·25 때 전사한 마오의 장남(마오안잉·毛岸英) 묘지가 있다.

4) 이런 **장면은** 중국의 자신감을 상징한다. 올해로 한·중 수교 19년이다. **중국은** 상당 기간 도광양회(韜光養晦)의 절제의 외교를 했다. 한국을 의식했다. **이젠** 달라졌다. **중국은** 동북아 질서의 재편을 도모한다. 105년 전 청일전쟁 패배로 잃은 이 지역의 패권을 회복하겠다는 의지다.

5) **중국은** 외교 변화의 시위 기회로 천안함 사건을 잡았다. 그 **방식은** 김정일의 외출이다. 그 사흘 전 상하이에서 후 **주석은** 이명박 대통령을 만났다. 하지만 김정일 방문을 꺼내지 않았다. 민감한 시점에서 **그것은** 외교적 결례다. **중국은** 자신의 존재감을 부정적 방식으로 한국에 각인시켰다.

6) 천안함 침몰의 유일한 **용의자는** 북한이다. **한국과 미국은** 북한 제재 문제를 논의하고 있다. 후진타오와 김정일의 **포옹은** 북한을 함부로 제재해선 안 된다는 메시지다. 한·미 동맹에 못지않은 북·중 혈맹이 엄존하고 있다는 것이다. 후진타오의 김정일 **독점은** 북한에 대한 중국의 배타적 권리를 천명한 것이다. 북한을 보호, 통제할 수 있는 유일한 후

견국임을 선언한 것이다. **김정일은** 중국의 지원으로 천암함 사건의 고립에서 탈출하려 한다.

7) 하지만 국제사회에서 **공짜는** 없다. **중국은** 전통적으로 계산에 밝다. **후진타오는** 김정일에게 '전략적 소통의 강화'를 제안했다. "양국의 내정, 외교, 통치 경험 등에 대해 심도 있게 소통하자"고 말했다. 그 **발언은** 내정 간섭이란 인상을 준다. 권력 후계, 핵 개발, 미국과 협상을 놓고 중국과 사전에 의논하라는 메시지다. 대등한 **정상회담에선** 맞지 않는 어휘들이다. 그것이 극진한 대접 뒤 내놓은 중국의 청구서다. 김정일 정권의 중국 **의존도는** 더욱 높아졌다. 이미 **북한은** 사실상 중국의 위성국 신세다. 북한이 내세우는 **'주체'는 중국엔** 초라한 외침일 뿐이다.

8) 이명박 **외교에선** 일관성 유지가 우선이다. '선(先) 천암함 제재, 후(後) 6자회담'의 자세가 **흔들려선** 안 된다. **6자회담은** 북한의 탈출구일 뿐이다. 미국과의 협조가 강화돼야 한다. 한·미 동맹이 **헝클어지면** 한반도의 전략적 질서가 무너진다. **중국은** 동맹 없는 한국을 무시한다.

9) 김정일의 베이징 **외출은** 북·중 관계의 특수성을 실감시켰다. 중국에 접근할 **때는** 정치와 경제를 적절히 분리, 혼합해야 한다. **한국은** 중국과도 친해야 한다. **중국은** 우리의 가장 큰 시장이다. 한·미 동맹을 단단히 하면서 중국과 잘 지내야 한다. 21세기 중화(中華)질서를 짜려는 거대 중국이 우리 옆에 있다.

이 글은 단문으로 이루어져 있고 '-는'의 과도한 출현으로 해서 중간 중간 호흡이 필요하다. 이 경우 호흡은 '-는'이 없는 문장의 출현으로 실현된다. 이 글에도 그러한 호흡을 위해 또는 의미장적 긴장을 해소하기 위해 '-는'이 없는 문장이 출현하지만 계획적인 것은 아니다. '-는'이 있는 문장과 없는 문장의 나타남을 보이면 다음과 같다.

1) **무대는** (요란했다), (---),
연출은 (치밀했다),
김정일은 (대접을 받았다), (---),
장막과 보안은 (유별났다),
장면은 (소극(笑劇)이다),
수법은 (효과를 거뒀다)

2) **초점은** (과시에 있었다),
후진타오는 ("역사적 책임"이라고 말했다),
김정일은 ("정성껏 키워낸 우의관계"라고 강조했다),
지도자들은 (김일성과 마오쩌둥이다),
올해는 (6·25전쟁 60주년이다),
중국은 (항미원조(抗美援朝) 전쟁으로 부른다), (---), (---)

3) **김 위원장은** (그 유적지를 들렀다), (---),
입구엔 (추모탑이 있다), (---), (---),
그는 ('열사 능'을 찾았다), (---)

4) **장면은** (자신감을 상징한다), (---),
중국은 (절제의 외교를 했다), (---),
이젠 (달라졌다),
중국은 (질서의 재편을 도모한다), (---)

5) **중국은** (기회로 잡았다),
방식은 (김정일의 외출이다),
주석은 (이명박 대통령을 만났다), (---),

그것은 (외교적 결례다),

중국은 (한국에 각인시켰다)

6) **용의자는** (북한이다),

한국과 미국은 (문제를 논의하고 있다),

포옹은 (북한을 함부로 제재해선 안 된다는 메시지다), (---),

독점은 (권리를 천명한 것이다), (---),

김정일은 (고립에서 탈출하려 한다)

7) **공짜는** (없다),

중국은 (계산에 밝다),

후진타오는 ('소통의 강화'를 제안했다), (---),

발언은 (내정 간섭이란 인상을 준다), (---),

정상회담에선 (맞지 않는 어휘들이다), (---),

의존도는 (더욱 높아졌다),

북한은 (위성국 신세다),

'주체'는 중국엔 (외침일 뿐이다)

8) **외교에선** (일관성 유지가 우선이다),

흔들려선 (안 된다),

6자회담은 (북한의 탈출구일 뿐이다), (---),

동맹이

헝클어지면 (전략적 질서가 무너진다),

중국은 (동맹 없는 한국을 무시한다)

9) **외출은** (북·중 관계의 특수성을 실감시켰다),

중국에 접근할

때는 (분리, 혼합해야 한다),

한국은 (중국과도 친해야 한다),

중국은 (큰 시장이다), (---), (---)

의미장 분석에서 문단은 번호로 표시하였다. 그리고 앞서 말했듯이, '-는'이 있는 문장은 굵은 글씨로, '-는'이 없는 문장은 (---)으로 표시하여 그 횟수를 알아볼 수 있게 제시하였다. '-는'이 없는 문장이 나타나는 빈도수만으로 호흡의 리듬을 결정지을 수는 없다. 문장의 길이에 따라 호흡의 느낌이 다를 것이기 때문이다(지금 우리는 산문의 리듬을 천착하는 작업을 하는 것이 아니기 때문에 이에 대한 섬세한 언급은 피하기로 한다). 그러나 이 글은 모두 단문으로 되어 있어서 '-는'이 있는 문장과 없는 문장이 출현하는 모습이 어느 정도 문장을 읽는 호흡을 판단하는 기준이 될 수 있다. 문단 1, 2에서는 '-는'의 있음/없음에서 균형감이 많이 떨어진다. 그러나 '문단 9'에 나타나는 네 번의 있음과 이어지는 두 번의 없음은 글을 끝맺는 호흡으로 효과적이다.

짧은 문장과 '-는'이 빈번하게 출현하는 이런 스타일의 글은 현행 산문에서 보기 드문 예로서, 실험적 성격이 강하다고 할 수 있다. 문장의 흐름이 부드럽고 그 호흡이 편안한 양식은 아니다.

3. 의미장의 고른 분포

문인의 글로 김수영의 〈양계변명(養鷄辨明)〉을 보기로 한다. 좀 길지만 원문의 의도를 왜곡하지 않기 위해 전문을 싣는다.

> 날더러 양계를 한다니 내 솜씨에 무슨 양계를 하겠습니까. 우리 집 여편네가 하는 거지요. 내가 취직도 하지 않고 수입도 비정기적이고 하니 하는 수없이 여편네가 시작한 거지요. 그걸 **세상은** 내가 양계를 하는 줄 알게 되고 나도 어느 틈에 정말 내가 양계를 하느니 하고 생각하게 되었지요. 이걸 시작한 게 한 8년 가까이 되나 봅니다. 성북동에서 이곳 마포 서강 강변으로 이사를 온 것이 그렇게 되니까요. 먼저 **우리들은** 돼지를 기르면서 닭을 한 열 마리가량 치고 있었지요. 몇 마리 되지 않는 닭이었지만 마당 한귀퉁이에 선 돼지우리간 옆에 집을 짓고 망을 쳐 주었지요. 그놈이 한 마리도 죽지 않고 잘 자랐어요. **겨울에는** 망사 칸막이 위에서 자는 닭 등에 아침이면 눈이 소복이 쌓여 있었습니다. 그래도 알을 잘 낳았어요. 하루 **여덟아홉 개는** 꼭 낳은 것 같아요. 그런데 **돼지는** 되지 않았어요. 경험이 없어서 여편네가 가을 돼지를 사지 않았겠어요. **돼지는** 봄에 사서 가을에 파는 거라는데 **우리는** 가을에 사가지고 한겨울 동안 먹이를 길어 나르느라고 죽을 고생을 하고 봄에 팔았지요. 이익금이 (지금 돈으로) 400원가량 되었던가요. 그래서 그때부터 **돼지는** 단념하고 닭을 시작했던 것입니다.
>
> 내가 닭띠가 돼서 그런지 **나는** 닭이 싫지 않았습니다. **먼첨에는** 백 마리쯤 길렀지요. 부화장에서 병아리를 사다가 안방 아랫목에서 상자 속에 구공탄을 피워 넣고 병아리 참고서를 펴보면서 기르는데 생각한 것보다 훨씬 힘이 들더군요. 그래도 되잖은 **원고벌이보다는** 한결 마음이 편하지요. **나는** 난생처음으로 직업을 가진 것 같은 자홀감을 느꼈습니다. 아시다시피 **병아리에는** 白痢병이 제일 고질입니다. 흰 설사똥을 싸다가 똥구멍이

막혀 죽어버립니다. 사람으로 치면 이질 같은 것인데 병아리의 **경우에는** 유전성에다가 전염성이 겸해 있고, 똥을 밟던 발로 모이를 밟고 다니는 동물이라 만연도가 아주 빠릅니다. **심할 때면** 하룻밤에 열 마리도 더 넘게 죽어 나갑니다. 약이 없는 것도 아니지만 한번 걸린 **놈은** 약이 소용이 없습니다. 이 백리병이 **끝나면** 콕시듐이란 병이 또 옵니다. 이 **병은** 피똥을 깔기다가 죽는 병입니다. **이것은** 유전성을 아니지만, 역시 전염성이라 백리만큼 애를 먹입니다. 그뿐이겠습니까. 또 압사라는 게 있습니다. **이것은** 병이 아니라 문자 그대로 눌려 죽는 것입니다. 구공탄 불이 꺼지거나 화력이 약해지거나 해서 갑자기 온도가 내려가게 되면 **병아리들은** 서로 한군데로 몰키게 되고 눈 깜짝할 동안에 희생자가 늘비하게 생깁니다. 기막힌 일이지요. 그런데 이런 사고가 날 때마다 경험 없는 우리 **부부는** 네가 잘못했느니 내가 잘못했느니 하고 언성을 높이고 싸움을 합니다. 더욱 기가 막힌 일이지요.

그래도 어제가 다르고 오늘이 다르게 자라나는 병아리를 보고 **있으면** 시간이 가는 줄 모릅니다. **병아리는** 희망입니다. 이 노란 병아리들의 보드러운 털빛이 하얗게 **변색을 하는 것은** 성장하는 모습입니다. 여편네도 기분이 좋고 나도 기분이 좋습니다. 이런 때의 **기분은** 백만장자도 부럽지 않습니다.

그러나 **고생은** 병아리를 기르는 기술상의 문제에만 그치는 것이 아닙니다. 모이를 대는 일이 또 있습니다. 나날이 늘어가는 사료의 공급을 하는 일이 병보다도 더 무섭습니다. 『인제 석 달만 더 고생합시다. 닭이 알만 **낳게 되면** 당신도 그 지긋지긋한 원고료 벌이 하지 않아도 살 수 있게 돼요. 조금만 더 고생하세요.』 하는 여편네의 격려 말에 **나는** 용기백배해서 진지한 원고를 또 씁니다. 그러나 원고료가 제때에 그렇게 잘 들어옵니까. 사료가 끊어졌다. 돈이 없다. **원고료는** 며칠 더 기다리란다. **닭은** 꾹꾹거린다. **사람은** 굶어도 **닭은** 굶길 수 없다. **이렇게 되면** 여편네가 돈을 융통하러 나간다…… 이런 소란이 끊일 사이가 없습니다. 난리이지요. 우리네

사는 게 다 난리인 것처럼 난리이지요.

닭을 길러보기 **전에는** 교외 같은 데의 양계장을 **보면** 그것처럼 평화롭고 부러운 것이 없었는데 **지금은** 정반대입니다. **양계는** 저주받은 사람의 직업입니다. 인간의 마지막 가는 직업으로서 **양계는** 원고료 벌이에 못지않은 고역입니다. **이제는** 오히려 이 고역에 매력을 느끼고 있는지도 모릅니다.

그렇지만 **나는** 양계를 통해서 노동의 엄숙함과 그 즐거움을 경험했습니다. 내가 양계를 시작한 지 2년인가 3년 후에 **나는** *老母*에게 병아리 천 마리를 길러드린 일이 있습니다. 생전 **孝라고는** 해본 일이 없는 자책지심에서 효자의 흉내라도 한번 내보아야지 될 것 같았습니다. 그때도 돈 때문에 병아리를 철 늦게 구입해 왔고, 공교롭게도 장마철에 병아리들이 콕시듐을 치르게 됐습니다. 콕시듐이란 **병은** 습기나 냉기와는 상극입니다. 이 **병은** 날이 궂기만 해도 만연도가 빨라지는 병으로서 뉴캐슬과 티푸스와 함께 양계의 3대 병역 중의 하나에 들어가는 무서운 병입니다. **양계가들은** 이 병의 발병기가 장마철과 더블되지 않게 하기 위해서도 3월 초순쯤 해서 일찌감치 병아리를 시작합니다. 그러나 그때만 해도 **나는** 콕시듐이란 병이 얼마큼 무서운 병이라는 것을 실제로 체험해 보지는 못했습니다. 게다가 **나는** 천 마리라는 어마어마한 숫자의 병아리를 처음으로 시작해 보는 것입니다. 어설픈 효의 욕심이 시킨 일이라고 생각됩니다. 노모도 물론 양계를 업으로 하기는 처음입니다. 그때까지 시내에서 가게를 하시던 **노모는** 남 볼 상도 흉하고 세금도 많다고 하시면서 교외로 나가서 불경이나 읽으면서 한적하게 살기를 원했고, 이런저런 궁리를 한 끝에 내가 권하는 양계를 해보기로 했던 것입니다. 창동에다 양계장을 새로 짓고, **병아리는** 40일 동안만 내가 길러서 보내기로 했습니다. **나는** 내 일보다도 더 힘이 났습니다. 판에 박은 듯한 난관을 치러가면서 40일 동안을 길러내고 보니 약 1할의 사망률을 낸 좋은 성적을 거두었습니다. 40일이 지난 **병아리는** 어른 주먹보다도 더 크게 자랐습니다. 이 병아리의 대군을 배터리째 트럭에 싣고 **우리들은** 개선장군 모양으로 창동의 신축 양계장으로 입성했습니다. 그러나 새로 진 **계사(鷄舍)는** 미비한 점이 많았고, 비가 오자 지붕이 새는 곳이 많았습니다. 짚을 깔고 보온을 철저히 하느라고 집안 식구들이 총동원이 되어서 밤잠도 못 자고 분투했지만 아침이면 삼사십 마리의 희생자가 나왔습니다. 양계장에서 닭이 **죽어갈 때는** 상갓집보다도 더 우울합니다. 약을 사러 다니는 일에만 꼭 한 사람이 붙어 있었습니다. **닭약은** 수용자가 그리 많지 않기 때문에 **대개는** 제약회사들이 부정기적으로 이것을 생산해 내놓습니다. 꼭 약이 필요할 때 사료상이나 도매집이나 약회사에 약이 절품이 되는 일이 비일비재입니다. 이럴 때에 약을 구하러 다니는 심고란 이루 **말로는** 다 할 수 없습니다. **나는** 노모와 둘이서 약 20일 동안을 눈코 뜰 새 없이 싸웠습니다. **어머니는** 나보다 더 강했습니다. **나는** 곧잘 신경질을 냈지만 **노모는** 한번도 신경질을 내지 않았습니다. 내가 계사 바닥을 삽으로 긁다가 팔이 아파서 쉴 때도 **노모는** 여전히 일을 계속하면서 내 삽이 불편할 것이라고 당신 삽과 바꾸어주었습니다. **어머니는** 언제나 여유가 있어 보였습니다.

장마를 치르고 나니 겨우 남은 것이 **칠백 마리밖에는** 안 됩니다. 그래도 그나마라도 건진 것이 다행이라고 **노모는** 기뻐했고 나의 수고를 위로해 주었습니다. 이 칠백 마리로 시작한, 수지가 안 맞는 양계를 **노모는** 오늘날까지 계속하고 있습니다. 이래서 우리 집을 보고 어떤 **친구는** 양계가족이라고 부르기도 합니다.

근 10년 경영에 한 해도 재미를 보지 못한 한국의 **양계는** 한국의 원고료 벌이에 못지않게 비참합니다. 이 비참한 양계를 왜 집어치우지 못하고 있는지 모르겠습니다. **지난해에는** 특히 사료값 앙등으로 극심한 경영난에 빠졌습니다. 군색한 원고료 벌이의 보탬이 되기는커녕 원고료를 다 쓸어 넣어도 나오는 것이 없습니다. 그래도 이 비참한 양계를 왜 집어치우지 못하고 있는지 모르겠습니다. 양계일을 보느라고 둔 담양에서 올라온 머슴아이가 우리 집에서 야간 중학교를 마치고 야간 고등학교를 졸업하고 작

년에 야간 대학에를 들어갔는데 이 아이의 인건비가 안 나옵니다. 새 학기에 수업료를 또 내주어야겠는데 이것이 난감합니다. 설상가상으로 **얼마전에는** 모이를 사러 조합에 갔다가 모이 두 가마니를 실어놓은 것을, 오줌을 누러 간 사이에 자전거째 도둑을 맞았다고 커다란 대학생놈이 꺼이꺼이 울고 들어왔습니다. 집안이 온통 배 파선한 집같이 되었습니다.

그런데 이런 집에도 양계를 하니까 돈이 있는 줄 알고 또 **얼마전에는** 도둑까지 들었습니다. 잠을 자다가 떠들썩하는 소리가 나서 일어나보니 여편네가 도둑이 들었다고 고함을 치고 있습니다. 도둑이 어디 들었느냐고 물으니 만용이(만용이란 닭 시중을 하는 앞서 말한 대학생) 방 쪽에 들어왔다고 합니다. **나는** 아랫배에 힘을 잔뜩 주고 여편네와 함께 계사 끝에 떨어져 있는 만용이방 쪽으로 기어갔습니다. 어둠을 뚫고 맞지도 않는 신짝을 끌고 가보니 **만용이는** 도둑과 이야기를 주고받고 있었습니다. 도둑이라는 **사람은** 나이 50이 넘은 사나이였습니다. 협수룩한 양복을 입고 **외투는** 입지 않고 만용의 방 밖에 서서, 무슨 동네에서 마을이라도 온 사람처럼 태연하게 서 있었습니다. 『당신 뭐요?』 하고 **나는** 위세를 보이느라고 소리를 버럭 질렀지만 **나는** 도무지 실감이 나지 않았습니다. 도둑의 얼굴이 너무 온순하고 너무 맥이 풀려 있었기 때문입니다. **그는** 아무 말이 없습니다. 『여보 당신 어디 사는 사람이오? 이 밤중에 남의 **집엔** 무엇 하러 들어왔소?』 말이 없습니다. 『닭 훔치러 들어왔소?』 말이 없습니다. 여편네가 고반소에 신고해야겠다고 소리를 지릅니다. 그래도 말이 없습니다. **나는** 버럭 무서운 생각이 들어서 흉기라도 가지고 있는 것이 아닌가 하고 아래위를 훑어보았으나 그런 기색도 없습니다. **나는** 나도 모르게 『이거 보세요, 이런 야밤에……』 하고 존댓말을 썼습니다. 그제서야 **사나이는** 『백번 죽여주십쇼, 잘못했습니다!』 하고 비는 것이었습니다. 말투가 퍽 술이 취한 듯했으나 얼굴로 보아서는 싯뻘건 얼굴이 술이 취해 그런지 추위에 달아 그런지 분간할 수 없었습니다. **나는** 즉각적으로 이 사람이 밤길을 잃은 醉漢을 가장하고 있는 것이라고 생각했습니다. 『집이 어디요?』 쑥스러운 질문이었습니다.

『우이동입니다.』

『우이동 사는 사람이 왜 이리로 왔소?』

『모릅니다…… 여기서 좀 잘 수가 없나요?』 이 말을 듣자 **나는** 어이가 없어졌습니다. 『여보, 술 취한 척하지 말고, 어서 가시오.』 **도둑은** 발길을 돌이켰습니다. 그리고 두서너 발자국 걸어 나가더니 다시 뒤를 돌아다보고 『어디로 나가는 겁니까?』 하고 태연스럽게 물어보았습니다.

『어디로 나가는 겁니까?』 **나는** 도둑의 이 말이 무슨 상징적인 의미 같이 생각되어서 아직까지도 귀에 선하고, 기가 막히고도 우스운 생각이 듭니다. **도둑은** 철조망을 넘어왔던 것입니다. 『어디로 나가는 겁니까?』 **이 말은** 사람이 보지 않을 **제는** 거리낌없이 넘어왔지만 사람이 보는 앞에서 다시 **넘어나가기는** 겸연쩍다는 말이었을 것입니다. 구태여 갖다 붙이자면 내가 양계를 집어치우지 못하는 이유도 마찬가지라고 생각합니다. 장면을 바꾸어 생각한다면, **도둑은** 나고 **나는** 만용입니다. 철조망을 넘어온 **나는** 만용이에게 『백번 죽여주십쇼, 백번 죽여주십쇼.』 하고 노상 손이 발이 되도록 빌면서 『어디로 나가는 겁니까? 어디로 나가는 겁니까?』 하고 떼를 쓰고 있는지도 모릅니다.

이 글은 의미장의 연결이 아주 부드럽게 이어지고 의미장 전환이 담론의 전체적 구성과 잘 맞아떨어진다. '-는'이 첨가된 단어들을 연결해 보면 다음과 같다. '-는'이 없는 문장은 앞에서와 같이 (---)으로 표시하였다.

(---), (---), (---),
세상은 (내가 양계를 한다고 생각한다), (---), (---),
우리들은 (닭을 치고 있었다), (---), (---),

겨울에는 (닭 등에 눈이 쌓여 있었다), (---),
여덟아홉 개는 (낳은 것 같다),
돼지는 (되지 않았다), (---),
돼지는 (가을에 파는 것이다), **우리는** (봄에 팔았다), (---),
돼지는 (단념했다)

나는 (닭이 싫지 않았다),
먼첨에는 (백 마리쯤 길렀다), (---),
원고벌이보다는 (마음이 편하다),
나는 (자홀감을 느꼈다),
병아리에는 (백리병이 제일 고질이다), (---),
경우에는 (만연도가 아주 빠르다),
심할 때면 (죽어 나간다),
놈은 (약이 소용이 없다),
끝나면 (콕시듐이란 병이 또 온다),
이 병은 (죽는 병이다),
이것은 (애를 먹인다), (---), (---),
이것은 (눌려 죽는 것이다),
병아리들은 (희생자가 생긴다), (---),
우리 **부부는** (싸움을 한다), (---)

있으면 (시간이 가는 줄 모른다),
병아리는 (희망이다),
변색을 하는 것은 (성장하는 모습이다), (---),
기분은 (백만장자도 부럽지 않다)

고생은 (문제에만 그치는 것이 아니다), (---), (---), (---),
낳게 되면 (살 수 있게 된다), (---),

나는 (원고를 또 쓴다), (---), (---), (---),
원고료는 (며칠 더 기다리란다),
닭은 (꾹꾹거린다),
사람은 (굶어도), **닭은** (굶길 수 없다),
이렇게 되면 (돈을 융통하러 나간다), (---), (---), (---)

전에는 [양계장을] **보면** (평화롭고 부러운 것이 없었다),
지금은 (정반대다),
양계는 (저주받은 사람의 직업이다),
양계는 (고역이다),
이제는 (고역에 매력을 느낀다)

나는 (노동의 즐거움을 경험했다),
나는 (길러드린 일이 있다),
孝라고는 (흉내라도 내봐야 될 것 같다), (---),
병은 (냉기와 상극이다)
병은 (무서운 병이다),
양계가들은 (일찌감치 병아리를 시작한다),
나는 (체험해 보지는 못했다),
나는 (처음으로 시작해보는 것이다), (---), (---),
노모는 (양계를 해보기로 했다),
병아리는 (길러서 보내기로 했다),
나는 (힘이 났다), (---),
병아리는 (크게 자랐다),
우리들은 (신축 양계장으로 입성했다),
계사(鷄舍)는 (새는 곳이 많았다), (---),
죽어갈 때는 (우울하다), (---),
닭약은 (수용자가 많지 않다),

대개는 (부정기적으로 생산해 내놓는다), (---),
말로는 (다 할 수 없다),
나는 (싸웠다),
어머니는 (강했다),
나는 (신경질을 냈지만), **노모는** (신경질을 내지 않았다),
노모는 (삽과 바꾸어주었다),
어머니는 (여유가 있어 보였다)

칠백 마리밖에는 (안 된다),
노모는 (위로해주었다),
노모는 (계속하고 있다),
친구는 (양계가족이라고 부르기도 한다)

양계는 (원고료 벌이에 못지않게 비참하다), (---),
지난해에는 (경영난에 빠졌다), (---), (---), (---), (---),
얼마전에는 (울고 들어왔다), (---)

얼마전에는 (도둑까지 들었다), (---), (---),
나는 (기어갔다),
만용이는 (도둑과 이야기를 주고받고 있었다),
사람은 (나이 50이 넘은 사나이였다),
외투는 (입지 않았다),
나는 (소리를 버럭 질렀지만), **나는** (실감이 나지 않았다),
그는 (말이 없다),
집엔 (무엇 하러 들어왔소), (---), (---), (---), (---),
나는 (훑어보았으나 그런 기색도 없다),
나는 (존댓말을 썼다),
사나이는 (비는 것이었다), (---),
나는 (가장하고 있는 것이라고 생각했다), (---), (---), (---)

나는 (어이가 없어졌다), (---),
도둑은 (발길을 돌이켰다), (---)

나는 (귀에 선하고, 우스운 생각이 든다),
도둑은 (철조망을 넘어왔다),
이 말은 (사람이 보지 않을), **제는** (넘어왔지만 사람이 보는 앞에서),
넘어나가기는 (겸연쩍다는 말이었을 것이다), (---),
도둑은 (나고), **나는** (만용이다),
나는 (떼를 쓰고 있는지도 모른다)

이 글은 의미장의 변화와 호흡이 아주 적절하게 분포된 좋은 산문이다. 특히 맨 끝 문단에서 의미장이 빨라지는 변화와 호흡은 문장 읽는 속도와 그 의미장의 변화 속도가 잘 어울리는 경우일 것이다. 그리고 담론적 종결이 은유적으로 바뀌는 상징성도 멋있다고 할 수 있다.

4. 의미장의 편협한 분포

이제 '-는' 앞에 나타나는 단어가 특이한 집합적 성격을 띰으로써 글을 쓴 사람이 자각하지 못하지만 글에 드러나 있는 심층을 보려고 한다. 일간지에 실린 글을 인용해 그 심층을 알아본다.

〈이루어질 수밖에 없는 사랑〉

1) 미국의 가수 겸 작곡가 **해리 차핀은** 기타를 '여섯 줄의 오케스트라'라고 노래했다. 그처럼 코드와 멜로디, 리듬 연주가 모두 가능한 **기타는** 피아노와 더불어 가장 대중적으로 사랑받는 악기이다. **나는** 열여섯의 겨

울방학에 동네 교습소에서 통기타를 배웠다. 처음이자 마지막으로 전곡을 연주한 **노래는** 양희은의 〈이루어질 수 없는 사랑〉이었는데, 수예점 아가씨와 연애 중이었던 **선생님은** 후렴구를 꼭 '이루어질 수밖에 없는 사랑'이라고 바꿔 불렀다. 개학을 하면서 흐지부지 끝나버린 **강습은** 손끝에 박인 굳은살이 풀릴 때쯤 까마득한 기억이 되어버렸지만, 품 안에서 공명하던 소박하지만 신비로운 악기의 **감각은** 여전히 또렷하다.

2) 하지만 **나는** 그 아름다운 선율 뒤에 천식과 난청에 시달리는 **노동자들이 있다는 것은** 알지 못했다. 열악한 환경 속에서도 장인 정신으로 기타의 몸통을 사포질하고 자개 문양을 새겨 넣고 유약을 발라 닦은 뒤 줄을 조율해 완성하며 기쁨을 느끼던 노동자들이, 천막농성부터 점거농성, 삭발, 송전탑 고공농성, 그리고 분신에 이르기까지 필사적인 방법으로 복직투쟁을 벌이고 있다는 사실도 잘 몰랐다.

3) 얼마 전, 매월 마지막 주 수요일 홍익대 앞 라이브카페 '빵'에서 열리는 '콜트콜텍 수요문화제'에 이야기손님으로 초대되어 다녀왔다. 전자기타를 만드는 콜트와 통기타를 만드는 콜텍 노동자들이 일터로 돌아가는 것을 돕기 위해 가수와 작가들이 여는 작은 콘서트였다. 기실 **나는** 노래방에서나 겨우 꿈적꿈적 가무의 본능을 충족하는 촌스러운 세대인지라, **인디음악은** 물론 클럽 문화에 익숙지 않다. 잘 모르니 이해할 수 없고, 이해할 수 없으니 턱없는 오해를 할 수밖에 없다. 개성 강한 인디밴드들이 어떻게 노동자들과 '연대'하는가? 약간의 긴장과 호기심을 품은 채 지하 카페의 방음문을 열었다.

4) 그곳에 말로만 들어온 사람들이 있었다.

5) 지금도 분신투쟁의 상흔을 치유중인 이동호 씨, 1인시위 도중 돌진해온 회사차에 치여 상해를 입었던 방종운 콜트악기 지회장, 학교급식 보조일과 목욕탕 · 영화관 청소일을 해서 번 쌈짓돈을 털어 독일과 일본과 미국에서 열리는 악기쇼에 4차례나 원정투쟁을 다녀온 해고노동자들이 바로 거기 있었다. 무대에서 함께 이야기를 나눈 **방종운 씨는** 크

고 깊은 눈에 고운 마음결이 느껴지는 사람이었다. 현장에 돌아가는 걸 상상하면 어떤 기분이 드느냐는 내 질문에 **그는** 갑자기 울컥하며 떨리는 목소리로 말했다.

6) "언젠가 꿈을 꿨어요. 꿈속에서 공장에 불이 난 거예요. 얼마나 놀라고 다급했는지 사장에게 달려갔어요. 우리 공장에 불이 났다고, 다 타버리기 전에 빨리 꺼야 한다고…."

7) 세계 기타 생산의 30%를 차지하는 회사를 경영하며 한국에서 120위 안에 드는 큰 부자가 된 사장에게, 위장폐업을 하고 공장을 인도네시아와 중국으로 넘긴 그에게, 고등법원에서 정리해고가 불법하다는 판결까지 내렸는데도 노동자들이 자신의 신세를 '조졌다'며 완벽하게 외면하는 그 인물에게 **그는** 매달려 호소했다고 한다.

문단 1)에서 문단 7)에 이르기까지 그 안에 나타나는 문장 수와 그 안에 나타난 '-는'의 개수를 살펴보면 다음과 같다.

1) 문장 수 –5,	해리 차핀은, 기타는, 나는, 노래는, 선생님은, 강습은, 감각은	'–는' 7회
2) 문장 수 – 2,	나는, 노동자들이 있다는 것은	'–는' 2회
3) 문장 수 – 6,	나는, 인디음악은	'–는' 2회
4) 문장 수 – 1,	(없음)	'–는' 0회
5) 문장 수 – 3,	방종운 씨는, 그는	'–는' 2회
6) 문장 수 – 4,	(없음)	'–는' 0회
7) 문장 수 – 1,	그는	'–는' 1회

'-는' 앞의 집합은 세 개의 인명과 사람의 몸에 접촉되는 사물 또는 개념을 지칭하는 네 개의 명사로 되어 있다. 다시 말해 '사람의 집합'

이라고 할 수 있다. 즉 이 글이 사람에 대한 이야기를 하고 있다는 점에서 '-는' 앞 집합의 원소를 제한한 것을 담론의 차원에 잘 맞는 일이라고 하겠다. 그러나 항상 장점이 단점이 되듯, 글을 좁은 의미장으로 제한하는 약점을 피하기 어렵다. 이처럼 의미장의 원소들이 단일한 개념으로 치우치는 것은 다양한 개념의 미덕을 결핍한 것이다. 반대로 지나치게 분열된 개념으로 치우치는 것은 통일성의 미덕을 결핍한 것이라고 보아야 할 것이다. '-는' 앞에 나타나는 전체집합의 원소들이 다양하면서도 통일감을 보이는 글이 좋은 산문이다.

이런 점에서, 앞에 예시한 〈양계변명〉의 '-는' 앞에 나타난 전체집합의 원소들을 모아 보면 다음과 같다. 이를 다시 개념, 사람, 동물, 사물 등으로 나누어 살펴보자.

{겨울, 고생, 대개, 변색을 하는 것, 넘어나가기, 말, 병, 양계, 세상,

먼첨에, 보며(면), 얼마 전에, 원고벌이보다, 전에, 지금, 지난해에, 이것, 효(孝)라고, 때,

그, 나, 노모, 놈, 친구, 도둑, 만용이, 부부, 사나이, 사람, 양계가들, 어머니, 우리들,

닭약, 계사(鷄舍), 닭, 돼지, 병아리 }

앞서 말했듯이 원소들이 한 개념에 치우쳐 몰려 있지 않으면서도 변화해 가는 이야기의 내용과 잘 어울리는 단어들이 모였음을 알 수 있다. 좋은 산문이 한 둘이 아니겠지만, 결국 산문의 미덕으로 꼽히는 균형, 간결, 분명함 등은 '-는'의 분포와 그 앞의 단어들, 즉 원소들의 균형, 간결, 분명함과 관계가 있다.

제6장 옛글의 의미장

여기서는 용비어천가(龍飛御天歌, 1447년 간행), 월인천강지곡(月印千江之曲, 1447년 간행), 두시언해(杜詩諺解, 1481년 간행), 춘향전(春香傳, 작자·시기 미상) 등에 나타나는 '-는' 어미에 대해 살피기로 한다. '-마는'(-마ᄅᆞᆫ)과 '-도'가 나타나는 곳이 여러 군데 있지만 이에 대한 언급은 생략했다.

1. 용비어천가(龍飛御天歌)

조선왕조 초기에 만들어진 용비어천가에는 125장 가운데 2장, 24장, 30장 등 모두 10여 곳에 '-는'이 출현한다. 차례로 인용하고 이어서 현대어로 옮긴 것을 보이겠다.

2장

불휘 기픈 남ᄀᆞᆫ ᄇᆞᄅᆞ매 아니뮐씨 곶됴코 여름 하ᄂᆞ니
ᄉᆡ미 기픈 므른 ᄀᆞᄆᆞ래 아니그츨씨 내히 이러 바ᄅᆞ래 가ᄂᆞ니

뿌리 깊은 **나무는** 바람에 움직이지 아니하므로, 꽃이 좋고 열매 많으니.
샘이 깊은 **물은** 가뭄에도 아니 그치므로, 내가 이루어져 바다에 가느니라.

의미장을 표시하면 다음과 같다.

{~(나무는)~, ~(움직이지 아니하므로), ~(꽃이 좋고 열매 많으니)•}
{~(물은)~, ~(아니 그치므로), ~(내가 이루어져 바다에 가느니라)•}

여기서 '(나무는)'은 의미장으로서 개집합적 성격을 띠어 그 뒤의 두 구성성분인 '(움직이지 아니한다)'와 '(꽃이 좋고 열매 많다)'에 연결된다. '(물은)'은 역시 '(가물에도 아니 그친다)'와 '(내가 이루어져 바다에 간다)'에 직접적으로 연결되는 전체집합적 의미장을 이룬다. 여기서 우리는 조선 초기 언어에 전체집합으로서의 '-는' 어미가 엄연히 존재했음을 확인할 수 있다.

24장
ᄂᆞᄆᆞᆫ ᄠᅳᆮ 다ᄅᆞ거늘 남그믈 救ᄒᆞ시고 六合에도 精卒ᄋᆞᆯ 자ᄇᆞ시니
아ᅀᆞᆫ ᄠᅳᆮ 다ᄅᆞ거늘 나라해 도라오시고 雙城에도 逆徒ᄅᆞᆯ 平ᄒᆞ시니

남은 뜻이 다르거늘, (송나라 태조만은) 임금을 구하시고, 육합에서도 잘 훈련된 군사를 잡으시니라.
(환조의) **아우는** 뜻이 다르거늘 (환조만이) 나라에 돌아오시고, 쌍성에서도 반역하는 무리들을 평정하시니라.

여기서 '남은'은 타인이란 뜻이고 조광윤은 후에 송나라 태조가 되는 사람이다. 환조는 고려 공민왕 때 반란군을 섬멸한 장군이다. 의미

장을 표시하면 다음과 같다.

{~(남은)~, ~(뜻이 다르거늘), ~([조광윤만은])~, ~(임금을 구하시고), ~(군사를 잡으시니)}
{~([환조의]아우는)~, ~(뜻이 다르거늘), ~([환조만은])~, ~(나라에 돌아오시고), ~(무리들을 평정하시니)}

30장

뒤헤는 모딘 도ᄌᆞᆨ 알ᄑᆡᄂᆞᆫ 어드ᄫᅳᆫ 길헤 업던 번게를 하ᄂᆞᆯ히 ᄇᆞᆯ기시니
뒤헤는 도딘 즁ᄉᆡᆼ 알ᄑᆡᄂᆞᆫ 기픈 모새 열ᄫᅳᆫ 어르믈 하ᄂᆞᆯ히 구티시니

뒤에는 모진 도둑, **앞에는** 어두운 길에, 없던 번개를 하늘이 밝히시니라.
뒤에는 모진 짐승, **앞에는** 깊은 못에, 엷은 얼음을 하늘이 굳히시니라.

30장에 나타난 '-는'은 특히 주목할 필요가 있다. '-는' 앞에 '뒤에, 앞에'와 같이 명사가 아닌 단어가 오기 때문이다. 명사가 아닌 곳에 '-는'이 사용된 것이 한글로 기록된 초기 문서에 나타난다는 것은 그것이 주격어미와 아무런 관계가 없음을 드러낸다. 따라서 여기서 우리는 '-는' 앞에 나타나는 문장 구성단위가 의미장을 지배하는 전체집합임을 확인해야 한다.

34장

믈 깊고 ᄇᆡ 업건마ᄅᆞᆫ 하ᄂᆞᆯ히 命ᄒᆞ실ᄊᆡ ᄆᆞᆯ톤자히 건너시니이다
城 높고 ᄃᆞ리 업건마ᄅᆞᆫ 하ᄂᆞᆯ히 도ᄫᆞ실ᄊᆡ ᄆᆞᆯ톤자히 ᄂᆞ리시니이다

(강)**물은** 깊고 **배는** 없건마는, 하늘이 명하시므로, 말 탄 채로 건너신 것입니다.

성은 높고 **사닥다리는** 없건마는, 하늘이 도우시므로, 말 탄 채로 내리신 것입니다.

'강물은', '배는', '성은', '사닥다리는'의 경우 원문에는 '믈', '비', '城', 'ᄃᆞ리'로 표시되어 있으므로 '-는'은 번역자가 뜻을 알기 쉽게 하기 위해 임의로 첨가한 것으로 보인다. 따라서 '-는'을 사용하지 않은 것으로 간주해야 하며, 다음과 같이 옮겨야 한다.

> **(강)물이** 깊고 **배가** 없건마는, 하늘이 명하시므로, 말 탄 채로 건너신 것입니다.
>
> **성이** 높고 **사닥다리가** 없건마는, 하늘이 도우시므로, 말 탄 채로 내리신 것입니다.

이렇게 고쳐 읽어 보면 의미장을 결정짓지 않음으로써 훨씬 더 객관적인 서술이 두드러진다.

71장

元良ᄋᆞᆯ 무우리라 垂象ᄋᆞ로 하ᄉᆞᄫᆞ니 庸君이신ᄃᆞᆯ 天性은 ᄇᆞᆯᄀᆞ시니
僞姓을 구류리라 親朝ᄅᆞᆯ 請ᄒᆞᄉᆞᄫᆞ니 聖主 실ᄊᆡ 帝命을 아ᄅᆞ시니

태자를 흔들려고, 드리운 형상으로 참소하니, (당나라 예종은) 평범한 임금이시지만 **천성은** 밝으시니라.
거짓 성씨를 굳히려고 천자 뵙기를 청하니, (명나라 임금은) 성군이시므로 하늘의 명을 아시니라.

여기서 '-는'은 그 앞의 '임금이시지만'이란 부문장과 연계되어 있다. 다시 말해 위 현대어로 옮긴 부분에 괄호 안에 표시한 '당나라 예

종은'이 나타나지 않고 감추어져 있음을 보이는 것으로, '당나라 예종은'은 '당나라 예종이'가 되어야 한다. 의미소통에 지장이 없는 한 하나의 문장에 '-는'이 두 번 나타날 필요가 없기 때문이다. 그 다음 문장의 '명나라 임금은'에서는 '-는'을 사용해도 상관이 없다.

77장

ᄂᆞᄆᆞᆫ 仇讎ㅣ 라커늘 日月之明이실씨 다시 ᄡᅳ샤 富庶를 보시니
ᄂᆞᄆᆞᆫ 주구려커늘 天地之量이실씨 다시 사ᄅᆞ샤 爵祿ᄋᆞᆯ 주시니

남들은 (모두) (魏徵을) 원수라고 하거늘 (당 태종은) 해 달과 같이 밝으신 분이시매 (魏徵을) 다시 쓰시어 부서(풍부하고 백성이 많음)를 보시니.
남들은 (모두 李穡들을) 죽이려고 하거늘 (이 태조는) 천지처럼 넓은 도량이시매, (그들을) 다시 살리시어 벼슬과 녹을 주시니.

77장에 나타난 '-는'은 문장 앞에 나와 문장 전체를 지배하고 있음을 잘 드러낸다. 92장에도 '남들은'이 나오지만 여기서는 부문장 내의 역할로 제한된다.

92장

至孝ㅣ 뎌러ᄒᆞ실씨 ᄂᆞᄆᆞᆫ 즐기는 나ᄅᆞᆯ 아니 즐겨 聖經을 니르시니
大孝ㅣ 이러ᄒᆞ실씨 ᄂᆞᄆᆞᆫ 밧는 오ᄉᆞᆯ 아니 바사 禮經을 從ᄒᆞ시니

(당나라 태종의) 지극한 효성이 저러하시매, **남들은** 다 즐기는 날을 아니 즐기어, 성경의 말씀을 이르시니.
(이조 태종의) 큰 효성이 이러하시매, **남들은** 벗는 (상)옷을 아니 벗어, 예경을 좇으시니.

분석하면 다음과 같다. 부문장에 첨가된 '-은' 때문에 주문장에 '~(태종은)~'이 생략되었음에도 불구하고 쉽게 짐작이 가게 구성되어 있다. 이러한 대칭적 구성으로 생략된 '-는'이 강하게 암시된다는 점에서 '-는'을 주제 또는 비교를 나타내는 조사로 간주하게 된 듯하다.

{(남들은 다 즐기는 날을), ~(아니 즐기어), [~(태종은)~], ~(말씀을 이르시니라)●}
{(남들은 벗는 옷을), ~(아니 벗어), [~(태종은)~], ~(예경을 좇으시니라)●}

지금까지 살펴본 '-는'의 출현은 현대 국어와 다를 바가 없다. 대부분이 명사의 뒤에 쓰이고 있고,[19] 이 점은 조선 초기의 말과 지금 우리가 사용하는 현대 국어에서 '-는'이 같은 문법적 역할을 하고 있음을 증명한다.

2. 월인천강지곡(月印千江之曲)

이제 월인천강지곡에 나타난 '-는' 어미를 살펴보자. 먼저 월인 기 26에 '오늘은'으로 옮긴 부분을 보기로 한다.

祥瑞도 하시며 光明도 하시나 ᄀᆞᆺ 업스실ᄊᆡ **오ᄂᆞᆯ** ᄉᆞᆲᄂᆡ
天龍도 해 모ᄃᆞ며 人鬼도 하나 數 업슬ᄊᆡ **오ᄂᆞᆯ** ᄉᆞᆲᄂᆡ(월인 기 26)

상서도 많으시며 (세상을 비춘) 광명도 많으나, 가이없으므로 **오늘은** (이루 다) 사뢰지 못하나이다.
천룡도 많이 모이며, 인간이나 귀류(鬼類)도 많이 모였으나 그 수를 헤아릴 수 없으므로 **오늘은** (이루 다) 사뢰지 못하나이다.

원문에는 '오ᄂᆞᆯ' 뒤에 어미가 첨가되어 있지 않으나 문장을 읽을 때 강세가 주어져 번역문에서 '-는'을 첨가한 것으로 보인다. 그러나 원문에 없으므로 '-는'을 첨가하지 않고 옮기면 다음과 같다.

> 상서도 많으시며 광명도 많으나, 가이없으므로 **오늘** 사뢰지 못하나이다.
> 천룡도 많이 모이며, 인간이나 귀류(鬼類)도 많이 모였으나 그 수를 헤아릴 수 없으므로 **오늘** 사뢰지 못하나이다.

월인 기 35에 나타나는 '-는'을 살펴보자.

> **蜜多羅ᄂᆞᆫ** 두 글을 ᄇᆡ화ᅀᅡ 알ᄊᆡ 太子ㅅ긔 말ᄊᆞᆷ 몯 ᄉᆞᆯᄫᆞ니
> **太子ᄂᆞᆫ** 여쉰 네 글을 아니 ᄇᆡ화 아ᄅᆞ실ᄊᆡ 蜜多羅ᄅᆞᆯ ᄯᅩ ᄀᆞᄅᆞ치시니(월인 기 35)

> **밀다라는** 두 글을 배워야 알므로 태자께 말을 사뢰지 못하니.
> **태자는** (이 세상에 있는) 예순네 가지 글을 배우지 않고도 알므로 밀다라를 또 가르치시니.

'ᄂᆞᆫ'으로 표기된 두 곳이 문장 첫머리에 있어 의미장으로서의 자리가 더욱 분명하다. 앞 문장은 '밀다라'에 대한 이야기이고 뒷 문장은 '태자'에 대한 이야기임을 분명히 하는 것이다. 월인 기 39와 40을 함께 보이면 다음과 같다.

難陁 調達은 象올 티즈며 그우리 혀고 둘희 힘이 달오미 업더니
太子는 훈오사 象올 나므티며 바드시고 둘희 힘올 훈쁴 이기시니(월인 기 39)

난타와 조달은 코끼리를 치차며 굴리고 하여 두 사람의 힘이 다름이 없더니.
태자는 혼자 코끼리를 넘어뜨리며 받으시고 하여 (난타와 조달 등) 둘의 힘을 함께 이기시니.

제간올 뎌리 모룰씩 둘희 쏜 살이 세 낱 붚샨 뻬여디니
神力이 이리 세실씩 훈 번 쏘신 살이 네 닐굽 부피 뻬여디니(월인 기 40)

(난타와 조달이) 제 분수를 저렇게도 모르매 이 두 사람이 쏜 화살이 (겨우) 세 개의 북만 꿰어지니.
(태자의) **신력은** 이렇게도 세시매 한번 쏘신 살이 스물여덟 개 겹친 북을 꿰어지니.

월인 기 35에서처럼 '難陁 調達은'과 '太子는'은 대칭적 위치를 보이고 있다. 앞서도 말했듯이 이런 점이 '-는' 어미를 '주제'와 '비교'를 뜻하는 보조사로 생각한 이유인 듯하다. 그러나 다음에 현대어로 '신력은'으로 옮긴 것은 '신력이'로 했어야 한다. 원문에 '神力이'로 되어 있을 뿐만 아니라 '神力이'로 바꾸는 것이 문맥상 더 자연스럽다.

신력이 이렇게도 세시매 한번 쏘신 살이 스물여덟 개 겹친 북을 꿰어지니.

아래 세 경우에는 '-는' 어미가 모두 인명에 붙어 있다.[20]

죵과 ᄆᆞᆯ와ᄅᆞᆯ 현맨ᄃᆞᆯ 알리오 어느 누를 더브르시려뇨
車匿이 蹇特이ᄂᆞᆫ ᄒᆞᆫ 날애 나ᅀᆞᄫᆞᆯᄊᆡ 이 둘흘ᅀᅡ 더브르시니(월인 기 52)

(태자를 모시는) 종과 (태자가 타시는) 말이 얼마인 줄 알까마는 어느 것을 데리고 가시려느뇨.
(사내종) **차익이와** (말) **건특이는** (태자와) 한날에 난 것이므로 이 둘만을 데리고 가시니.

耶輸ㅣ 울어신ᄆᆞᄅᆞᆫ **帝釋은** ᄠᅳᆮ 달아 太子ㅅ 마리ᄅᆞᆯ 塔애 ᄀᆞ초ᅀᆞᄫᆞ니
아바님 슬ᄒᆞ신ᄃᆞᆯ **淨居天은** ᄠᅳᆮ 달아 太子ㅅ 몸애 袈裟 니피ᅀᆞᄫᆞ니(월인 기 56)

(태자비) 야수다라는 (서러워서) 우시건마는 (고행림의) **제석은** (이와는) 뜻이 달라서 태자의 (깍은) 머리를 탑속에 넣어 (길이) 간수하니.
(태자의) 아버님(장반왕)이 슬퍼하신들 **정거천은** 뜻이 달라 태자의 몸에 가사를 입히니.

월인 기 119에 나타나는 '수레는 막는 길이 없으니'는 의미상 '수레는 막는 길이 없으나'로 옮겨야 할 것이다. 이는 당시 언어에 대한 전문적인 지식을 필요로 하는 것이므로 의문을 제기하는 것에 그치기로 한다.

보ᄇᆡ ᄭᅮ뮨 술위예 象이 메더니 발ᄋᆞᆯ 바사매 아니 알ᄑᆞ시리
五通 메윤 **술위ᄂᆞᆫ** 마ᄀᆞᆫ 길 업스니 象 **술위ᄂᆞᆫ** 머흘면 몯 가ᄂᆞ니(월인 기 119)

보배로 꾸민 수레에 코끼리가 메고 끌더니, (이제는) 발을 벗어 어찌 아프시지 않으리?

다섯 가지 신통력으로 메고 끌게 한 **수레는** 막는 길이 없으니, (오히려) 코끼리가 끄는 **수레는** 길이 험하면 가지 못하느니.

다음에 보이는 '調達인'의 경우 현대어 옮김인 '조달이는'으로 표기하여 '-는' 어미를 분명히 한 것이다.

調達인 곳갈ᄋᆞᆯ 밧고 五逆 ᄆᆞ ᄉᆞᆷ ᄋᆞᆯ 계와 阿鼻 地獄애 드러가니
和離ᄂᆞᆫ 象이 몯 걷고 舍利弗 欺弄ᄒᆞ야 蓮花 地獄애 드러가니(월인 기 130)

조달이는 꼬갈을 벗고 오역의 마음을 이기지 못하여 아비지옥에 들어가니.
화리는 (타고 있던) 코끼리가 걷지를 못하고 사리불을 속이고 희롱하여 (그 죄로) 연화지옥에 들어가니.

다음에 나타나는 현대어 옮김의 '-는' 어미는 원문에는 없다.

나고셔 식브녀 阿難일 브리신대 오샤ᅀᅡ 내 나리이다.
엇뎨 오시리오 阿難이 對答ᄒᆞᆫ대 아니오시면 내 이쇼리라(월인 기 132)

나고자 싶으냐? (부처가) 아난이를 (조달에게) 부리신대, (부처가) 오셔야만 내가 나가겠습니다(라고 대답).
어찌 오리요? 아난이 대답한즉, 아니 오시면 **나는** (여기) 있으리라.

따라서 '아니 오시면 나는 (여기) 있으리라'는 잘못된 해석이며, '아니 오시면 내가 (여기) 있으리라'로 고쳐야 한다. 원문에 그렇게 옮겨야 할 근거가 없고, '나는 (여기) 있으리라'와 '내가 (여기) 있으리라'의 차이를 간과할 수 없기 때문이다. 전자는 '나'에 관한 이야기를 한다는

뜻이고 후자는 '누가 있을 것이냐?'에 대한 대답이듯, '있으리라'의 의미장 내에서 이야기를 하고 있는 것이기 때문이다. 아래에 보이는 월인 기 133과 136의 'ᄆᆞ ᅀᆞᆷ ᄋᆞᆫ'과 '머리ᄂᆞᆫ'은 그 뒤에 반복 출현하는 같은 단어와 운율을 맞춘 것으로 보인다.

ᄂᆞᆷ 爲ᄒᆞᆫ **ᄆᆞᅀᆞᆷᄋᆞᆫ** 萬福이 몯ᄂᆞ니 耆波鳥ᄋᆡ 됴ᄒᆞᆫ 일 ᄉᆞᆯ보리
ᄆᆞᆫ 졈 머근 **ᄆᆞᅀᆞᆷᄋᆞᆫ** ᄒᆞᆫ 福도 업ᄂᆞ니 耆波鳥ᄋᆡ 모딘 일 ᄉᆞᆯ보리(월인 기 133)

남을 위한 **마음은** 만복이 모이나니 기바조의 좋은 일을 말씀드리리.
독하고 나쁘게 먹은 **마음은** 한 복도 없으니 기바조의 모진 일을 말씀드리리.

됴ᄒᆞᆫ 곶 머근 **머리ᄂᆞᆫ** 일훔이 迦嘍茶ㅣ러니 世尊ㅅ 몸이 이 넉시러시니
모딘 곶 머근 **머리ᄂᆞᆫ** 優婆迦嘍茶ㅣ러니 調達ᄋᆡ 몸이 뎌 넉시러니(월인 기 136)

좋은 꽃 먹은 **머리는** 이름이 가루다이더니 (이 세상의) 세조의 몸이 (바로) 이 (새의) 넋이시더니.
독한 꽃을 먹는 **머리는** 우바가루다이더니 (이 세상의) 조달의 몸이 (바로) 저 (새의) 넋이더라.

3. 두시언해(杜詩諺解)

중국의 시인 두보(杜甫, 712~770)의 시를 조선 초기에 번역한 『두시언해』에서 몇 편의 시를 골라 그곳에 나타나는 '-는' 의미장을 살피기로 한다. 먼저 시에 나타난 '-는'을 굵은 글씨로 나타낸다.

1) 春日戲題惱郝使君兄(춘일희제뇌학사군형)

使君意氣淩青宵, 憶昨歡娛常見招 (사군의기능청소, 억작환오상견초)
細馬時鳴金騕褭, 佳人屢出董嬌饒 (세마시명금요뇨, 가인루출동교요)
東流江水西飛燕, 可惜春光不相見 (동류강수서비연, 가석춘광불상견)
願携王趙兩紅顔, 再騁肌膚如素練 (원휴왕조양홍안, 재빙기부여소련)
通泉百里近梓州, 請公一來開我愁 (통천백리근재주, 청공일래개아수)
舞處重看花滿面, 樽前還有錦纏頭 (무처중간화만면, 준전환유금전두)

使君의 ᄠᅳᆮ과 氣運괘 하ᄂᆞᆯ홀 凌犯ᄒᆞ리로소니 녜 환오ᄒᆞᆯ제 샹녜 블리던 이ᄅᆞᆯ ᄉᆞ랑ᄒᆞ노라.
터리 ᄀᆞᄂᆞᆫ ᄆᆞᄅᆞᆫ 時時예 金騕褭ㅣ 울오 고온 **사ᄅᆞᄆᆞᆫ** 董嬌饒ᄅᆞᆯ ᄌᆞ조 내더라.
東으로 흐르ᄂᆞᆫ ᄀᆞᄅᆞ맷 믈와 西로 ᄂᆞ라가ᄂᆞᆫ 져비ᄅᆞᆯ ᄒᆞ야 可히 슬프다 봆비체 서르 보디 몯ᄒᆞ리로다.
願ᄒᆞᆫᄃᆞᆫ 王趙 두 블근 ᄂᆞ촐자바 ᄉᆞᆯ히 ᄒᆡᆫ 깁 ᄀᆞᆮᄒᆞᆫ 닐 다시 ᄃᆞᆯ여 보내라.
通泉이 百里만 梓州에 갓가오니 請ᄒᆞᆫᄃᆞᆫ **그듸는** ᄒᆞᆫ 번 와 내 시르믈 열라.
춤츠ᄂᆞᆫ ᄃᆡ 다시 고지 ᄂᆞᄎᆡ ᄀᆞᄃᆞᆨᄒᆞ야쇼ᄆᆞᆯ 보리니 樽알ᄑᆡ 도ᄅᆞ혀 錦纏頭ㅣ 잇다.

사군의 뜻과 의로운 기운이 하늘을 범할 것 같더니, 옛날 즐겨 놀 때 늘 불려갔던 일을 생각하노라.

금요뇨와 같이 좋은 말이 때때로 울고 예쁜 **사람으로는** 동교요 같은 사람을 자주 내더라.
동으로 흐르는 강의 물과 서쪽으로 날아가는 제비 같아서 봄빛에 서로 만나보지 못함이 가히 슬프도다.
원컨대 왕조 두 붉은 낯을 잡아 살결이 흰 비단 같은 이를 다시 말 태워 보내라.
통천이 백 리 정도로 재주에 가까우니 청컨대 **그대는** 한 번 와 내 시름을 열어다오.
춤추는 **곳에는** 다시 꽃이 낯에 가득하였음을 보리니 술 잔 앞에 돌아오면 금전두가 있다.

여기서도 원문에 없는 ‘-는’이 추가된 것을 볼 수 있다. ‘춤츠ᄂᆞᆫ ᄃᆡ’와 ‘사ᄅᆞᄆᆞᆫ’을 ‘춤추는 곳에는’과 ‘사람으로는’으로 옮기고 있으나 원문에 준하여 ‘춤추는 곳에’와 ‘사람은’으로 옮겨야 한다.

2) 正月三日歸溪上有作簡院內諸公(정월삼일귀계상유작간원내제공)

野外堂依竹, 籬邊水向城 (야외당의죽, 리변수향성)
蟻浮仍臘味, 鷗泛已春聲 (의부잉랍미, 구범이춘성)
藥許隣人斸, 書從稚子擎 (약허린인촉, 서종치자경)
白頭趨幕府, 深覺負平生 (백두추막부, 심각부평생)

ᄆᆡ 밧긔 지비 댓수흘 브텟고 욼 ᄀᆞᅀᆡ **ᄆᆞᄅᆞᆫ** 城으로 向ᄒᆞ야 흐르ᄂᆞ다.
개야미 ᄠᅳᆫ **수른** 臘月엣 마시 仍ᄒᆞ야 잇고 ᄀᆞᆯ며기 **ᄠᅥ슈믄** ᄒᆞ마 보ᄆᆡᆺ 소리로다.
藥으란 이웃사ᄅᆞᄆᆡ 파가ᄆᆞᆯ 許ᄒᆞ고 **書册으란** 져믄 아ᄒᆡ 가져 ᄃᆞᆫ뇨ᄆᆞᆯ ᄆᆞ던히 너기노라.

셴머리예 막부에 와 ᄃᆞᆫ뇨니 평생앳 마ᄉᆞᆷ 져ᄇᆞ료ᄆᆞᆯ 기피 아노라.

들 밖의 집이 대숲을 의지하여 있고 울가의 **물은** 성으로 향하여 흐른다.
개미가 뜬 **술은** 납월의 맛이 그로 인하여 있고 갈매기 **떠 있음은** 이미 봄의 소리로다.
약은 이웃 사람의 파감을 허락하고 **서책은** 어린 아이 가져다님을 무던히 여기노라.
(하얗게)센 머리로 막루에 와 다니니 평생의 신세짐을 깊이 아노라.

여기서도 '藥으란'을 '약은'으로 옮긴 곳에서 '-으-'를 생략한 것으로 보인다. '書冊으란'도 마찬가지다. '藥이란'과 '書冊이란'으로 옮겨야 하는 것이 아닌가 하는 생각을 하게 된다.

3) 奉酬李都督表丈早春作(봉수이도독표장조춘작)

力疾坐淸曉, 來詩悲早春 (역질좌청효, 래시비조춘)
轉添愁伴客, 更覺老隨人 (전첨수반객, 경각노수인)
紅入桃花嫩, 靑歸柳葉新 (홍입도화눈, 청귀유엽신)
望鄕應未已, 四海尙風塵 (망향응미이, 사해상풍진)

病을 견듸여 ᄆᆞᆯᄀᆞᆫ 새배 안자 쇼니 온 **그른** 이른 보ᄆᆞᆯ 슬허 짓도다.
ᄀᆞ장 시르미 나그내ᄅᆞᆯ 번호ᄆᆞᆯ 더으ᄂᆞ니 ᄯᅩ 늘구미 사ᄅᆞᆷ 조차 오ᄆᆞᆯ 아로라.
블근 **비츤** 복셩홧고지 드러 보ᄃᆞ랍고 **푸른비츤** 버듨 니페 가 새롭도다.
本鄕 ᄇᆞ라오ᄆᆞᆯ 당당이 마디 몯ᄒᆞ리로소니 四海예 오히려 風塵이 잇도다.

병을 이겨내고 맑은 새벽에 앉아 있는데 온 **글은** 이른 봄을 슬퍼해서 지었구나.

더욱더 시름이 나그네를 벗함에 더하고 또 늙음이 사람을 좇아오고 있음을 아노라.

붉은 **빛은** 복숭아꽃에 들어 보드랍고 **푸른빛은** 버들잎에 가서 새롭구나.

고향을 바라보는 것을 마땅히 그만두지 못하였는데 온 **세상은** 오히려 먼지만 가득하구나.

한시의 '詩'를 원문에서 '그른'으로 옮겼고 이를 현대어로는 '글은'으로 옮긴 것이 특이하다고 하겠다. 만일 한시 원문의 '詩'라는 글자를 보지 않고 '그른'을 글은'으로 옮기는 것은 어려움이 있었을 것이다.

4) 春歸(춘귀)

苔徑臨江竹, 茅簷覆地花 (태경림강죽, 모첨복지화)

別來頻甲子, 歸到忽春華 (별래빈갑자, 귀도홀춘화)

倚杖看孤石, 傾壺就淺沙 (의장간고석, 경호취천사)

遠鷗浮水靜, 輕燕受風斜 (원구부수정, 경연수풍사)

世路雖多梗, 吾生亦有涯 (세로수다경, 오생역유애)

此身醒復醉, 乘興卽爲家 (차신성복취, 승흥즉위가)

잇 ᄭᅵᆫ 길헨 ᄀᆞᄅᆞᄆᆞᆯ 디렛ᄂᆞᆫ 대오 새집 **기슬겐** ᄯᅡᄒᆞᆯ 두펫ᄂᆞᆫ 고지로다.

여희여 오매 날ᄃᆞ리 ᄀᆞᆺ더니 도라오니 忽然히 봆비치로다.

막대ᄅᆞᆯ 지여셔 외로왼 돌ᄒᆞᆯ 보고 酒壺ᄅᆞᆯ 기우려 머구리라. 녀튼 몰애예 나ᅀᅡ가라.

머리 ᄀᆞᆯ며기ᄂᆞᆫ 므레 ᄠᅥ ᄀᆞ마니 잇고 가ᄇᆡ야온 져비ᄂᆞᆫ ᄇᆞᄅᆞᄆᆞᆯ 바다 빗기 ᄂᆞ놋다.

世上앳 길히 비록 해 어즈러우나 내의 사롬도 ᄯᅩᄒᆞᆫ ᄀᆞᅀᅵ 잇ᄂᆞ니라.

이 모미 ᄉᆡ락 도로醉ᄒᆞ락ᄒᆞ야興을 토니 곧 **지비** ᄃᆞ외얫도다.

이끼 낀 길에 강을 임하여 있는 대나무요 초가집 **기슭에는** 땅을 덮고 있는 꽃이로다.
이별하였으매 날들이(세월이) 빨리 가니 돌아오니 어느덧 봄빛이로구나.
막대를 의지하여 외로운 돌을 보고 병을 기울여 먹으리라 옅은 모래에 나아간다.
멀리 갈매기가 물에 떠 가만히 있고 가벼운 **제비는** 바람을 받아 비껴 나는구나.

이 시에서는 앞서 '용비어천가 30장'에서 보았던 '뒤에, 앞에' 다음에 '-는'이 추가된 것처럼 '기슬겐'이 나타난 것을 지적할 만하다. 현대어로 '기슭에는'이라고 표기했듯이 '기슭에'라는 문장 구성단위에 '-는'이 첨가되었다는 것이 주목할 만하다.

멀리 갈매기가 물에 떠 가만히 있고 가벼운 **제비는** 바람을 받아 비껴 나는구나.

이 문장은 '-는'을 없애고 다음과 같이 옮겨야 한다.

멀리 갈매기가 물에 떠 가만히 있고 가벼운 **제비가** 바람을 받아 비껴 나는구나.

5) 暮寒(모한)

霧隱平郊樹, 風含廣岸波 (무은평교수, 풍사광안파)
沉沉春色靜, 慘慘暮寒多 (침침춘색정, 참참모한다)
戌鼓猶長擊, 林鶯遂不歌 (술고유장격, 림앵수불가)

忽思高宴會, 朱袖拂雲和 (홀사고연회, 주수불운화)

雲霧엔 平ᄒᆞᆫ 드르헷 **남기** 그슥ᄒᆞ얏고 **ᄇᆞᄅᆞᄆᆞᆫ** 너븐 두들겟 믌겨를 머겟도다.
沈沈ᄒᆞᆫ 봆비치 寂靜ᄒᆞ고 슬픈 나죗 치위 하도다.
防戍ᄒᆞᄂᆞᆫ 부픈 오히려 기리 티ᄂᆞ니 수프렛 **곳고리ᄂᆞᆫ** 지즈로 놀애 브르디 아니ᄒᆞ놋다.
忽然히 녯 노ᄑᆞᆫ 이바디ᄅᆞᆯ ᄉᆞ랑호니 블근 ᄉᆞ매 거믄고애 다티더니라.

안개 자욱한 평평한 들에 **나무는** 그윽하여 있고, **바람은** 넓은 언덕의 물결을 머금어 있도다.
어둑어둑한 봄빛이 고요하고 슬픈 저녁의 추위가 심하도다.
국경을 지키는 **북소리는** 오히려 길게 치니, 수풀의 **꾀꼬리는** 그로 인하여 노래 부르지 아니하는구나.
홀연히 옛 큰 잔치를 생각하니 붉은 소매가 거문고에 스치더라.

여기서도 원문의 '남기'를 '나무는'으로 옮긴 것을 볼 수 있다. 이로써 조선 초기보다 현대어에서 '-는'을 더 많이 쓰는 경향이 있다는 생각을 해 볼 수 있다. '곶'이 '꽃'이 되고 '곳고리'가 '꾀꼬리'가 되어 발음이 강해지는 것처럼 의미장 역시 강해지려는 경향 때문이라고 추론해 본다. 이 문장 역시 '-는'을 사용하지 않고 다음과 같이 서술할 경우 거리를 둔 서술, 즉 객관적 서술에 가까워진다.

안개 자욱한 평평한 들에 **나무가** 그윽하여 있고, **바람이** 넓은 언덕의 물결을 머금어 있도다.
국경을 지키는 **북소리가** 오히려 길게 치니, 수풀의 **꾀꼬리가** 그로 인하여 노래 부르지 아니하는구나.

6) 漫成二首(만성이수)

野日荒荒白, 江流泯泯清 (야일황황백, 강류민민청)
渚蒲隨地有, 村逕逐門成 (저포수지유, 촌경축문성)
只作披衣慣, 常從漉酒生 (지작피의관, 상종록주생)
眼邊無俗物, 多病也身輕 (안변무속물, 다병야신경)
江皐已仲春, 花下復清晨 (강고이중춘, 화하복청신)
仰面貪看鳥, 回頭錯應人 (앙면탐간조, 회두착응인)
讀書難字過, 對酒滿壺頻 (독서난자과, 대주만호빈)
近識峩嵋老, 知余懶是眞 (근식아미노, 지여나시진)

ᄆᆡ햇 힛비츤 거츤ᄃᆡ 불갯고 ᄀᆞᄅᆞᆷ **흘루믄** 소리 업고 ᄆᆞᆰ도다.
믌ᄀᆞᆺ 줄픠ᄂᆞᆫ ᄯᅡ홀 조차 잇고 ᄆᆞᅀᆞᆶ **길흔** 門을 조차 이렛도다.
오직 옷가ᄉᆞᆷ 헤혐호ᄆᆞᆯ 니기 ᄒᆞ고 샹녜 술거르ᄂᆞᆫ 사ᄅᆞᄆᆞᆯ 좃노라.
눉ᄀᆞᅀᆡ 塵俗앳 거시 업스니 病이 하도 ᄯᅩ 모미 가ᄇᆡ얍도다.
ᄀᆞᄅᆞᇝ **두들게** ᄒᆞ마 仲春이오 곳 **아래** ᄯᅩ ᄆᆞᆯᄀᆞᆫ 새배로다.
ᄂᆞᄎᆞᆯ 울워러 새 보ᄆᆞᆯ 貪ᄒᆞ다가 머리 도ᄅᆞ혀 사ᄅᆞᆷ 對答호ᄆᆞᆯ 그르호라.
글 닐구메 어려운 **字란** 그저 디내오 수를 **相對ᄒᆞ얀** 壺樽에 ᄀᆞᄃᆞ기 호ᄆᆞᆯ ᄌᆞ조 ᄒᆞ노라.
요ᄉᆞᅀᅵ예 峩嵋山ㅅ 老人을 아노니 내의 게을우미 이 眞性 인디 아ᄂᆞ니라.

들의 햇빛은 거친 데에서도 밝아 있고 강의 **흐름은** 소리 없고 맑도다.
물가의 창포는 땅을 따라 나 있고 마을의 **길은** 문을 따라 이루어 있구나.
오직 옷가슴 풀어헤침을 익숙히 하고 항상 술 거르는 사람을 따르노라.
눈가에 속세의 것이 없으니 병이 많아도 또 몸이 가볍구나.
강의 **둔덕에는** 이미 봄이 한창이오, 꽃 **아래에는** 또 맑은 새벽이로다.
얼굴을 들어 새 보는 것을 탐하다가 머리를 돌려 사람이 부르는 소리에 대답하는 것을 그르쳤다.

글을 읽음에 어려운 **글자는** 그냥 지나치고 술을 **상대하여서는** 술병에 술을 가득히 하는 것을 자주 한다.
요사이 아미산의 노인을 아니 나의 게으름이 이 진성인지 아노라.

여기서도 원문에 없는 '-는'을 첨가한 곳이 보인다. '두들게'와 '아래'를 '둔덕에는'과 '아래에는'으로 옮긴 것이다.[21] 이 역시 '-는' 없이 적어보면 다음과 같다.

강의 **둔덕에** 이미 봄이 한창이오, 꽃 **아래에** 또 맑은 새벽이로다.

7) 春望(춘망)

國破山河在城春草木深 (국파산하재성춘초목심)
感時花濺淚恨別鳥驚心 (혹시화천루한별조경심)
烽火連三月家書抵萬金 (봉화련삼월가서저만금)
白頭搔更短渾欲不勝簪 (백두소경단혼욕불승잠)

나라히 破亡ᄒᆞ니 뫼콰 ᄀᆞᄅᆞᆷ뿐잇고 잣 안ᄒᆡ 보ᄆᆡ 플와 나모ᄲᅮᆫ 기펫도다.
時節을 感嘆호니 고지 눉므를 ᄲᅳ리게코 여희여슈믈 슬후니 새 ᄆᆞᅀᆞᄆᆞᆯ 놀래ᄂᆞ다.
烽火ㅣ 석ᄃᆞᄅᆞᆯ 니ᅀᅦ시니 지빗 **音書ᄂᆞᆫ** 萬金이 ᄉᆞ도다.
셴 머리ᄅᆞᆯ 글구니 ᄯᅩ 뎌르니 다 빈혀ᄅᆞᆯ 이긔디 몯ᄒᆞᆯᄃᆞᆺ ᄒᆞ도다.

나라(국도 장안)가 망하니 산과 강뿐이고 성 안의 봄에 풀과 나무만 무성하도다.
(어지러운) 시절을 애상히 여기니 꽃이 눈물을 뿌리게 하고 이별을 슬퍼하니 새가 마음을 놀라게 한다.

봉화가 석 달을 이었으니 집의 **편지는** 만금보다 비싸다(만금을 줘도 어렵다).
흰 머리를 긁으니 또 짧아지니 다 비녀를 이기지 못할 것 같다.

여기서 '音書는'은 '편지는'을 뜻하는 말로 '-는'의 평범한 쓰임새라고 할 수 있다.

4. 춘향전의 한 구절

다음은 〈열녀 춘향 수절가(烈女春香守節歌)〉 초반의 서너 문단을 살펴봄으로써 운문과 비교해 산문에서도 '-는'의 사용이 다르지 않음을 보이겠다. '-는'을 사용한 단어는 굵은 글씨로 표시하였다.

원문

이날부텀 목욕ᄌᆡ계 졍이 ᄒᆞ고 명산승지 차져갈 제 오ᄌᆞᆨ교 썩 나셔셔 좌우산쳔 둘너보니 셔북의 **교룡산은** 술히방을 마거 잇고 **동으로난** 장임 숩풀 깁푼 고ᄃᆡ **션원사는** 은은이 보이고 **남으로난** 지리산이 웅장한듸 그 가온ᄃᆡ **요쳔슈난** 일ᄃᆡ 장강벽파되야 동남으로 둘너스니 별류건곤 여긔로다. 쳥임을 더우잡고 산슈을 발바 드러가니 지리산이 여기로다. 반야봉 올나셔셔 사면을 둘너보니 명산ᄃᆡ쳔 완연ᄒᆞ다. 상봉의 단을 무어 제물을 진셜ᄒᆞ고 단하의 복지ᄒᆞ야 쳔신만고 비럿더니 산신임의 덕이신지, **잇ᄯᆡ는** 오월 오일 갑자라 한 숢을 어든니 셔긔 반공ᄒᆞ고 오ᄎᆡ 영농하더니 일위션녀 쳥학을 타고 오난듸 머리의 화관이요 **몸의난** ᄎᆡ의로다. 월픠소ᄅᆡ 징징ᄒᆞ고 **손으난** 계화일지를 들고 당의 오르며 거슈장읍ᄒᆞ고 공순이 엿자오ᄃᆡ,

"낙포의 ᄯᆞᆯ일넌니 반도 진상 옥경 갓다 광한젼의셔 젹송자 맛나 미진졍회ᄒᆞ올 차의 시만ᄒᆞ미 죄가 되야 상졔 ᄃᆡ로하사 진퇴의 ᄂᆡ치시ᄆᆡ 갈 바을

몰나더니, 두유산 실영계셔 부인썩으로 지시ᄒᆞ기로 왓사오니 어엽비 여기소셔."

ᄒᆞ며 품으로 달여들시, **학지고셩은** 장경고라 학의 소릭 놀닉 씩니 남가일몽이라. 황홀한 정신을 진정ᄒᆞ야 가군과 몽사을 셜화ᄒᆞ고 천힝으로 남자을 나을가 기다리더니, 과연 그달부텀 틱기 잇셔 십삭이 당ᄒᆞᄆᆡ **일일은** 향기 만실ᄒᆞ고 치운이 영농ᄒᆞ더니 혼미즁의 싱산ᄒᆞ니 일기 옥여을 나어난니, 월ᄆᆡ의 일구월심 기루던 마음 **남자는** 못 나스되 져근 듯 풀이난구나. 그 **사랑하문** 엇지 다 셩언ᄒᆞ리. 일홈을 춘향이라 부르면셔 장즁보옥갓치 질너닉니 회힝이 무쌍이요, 인자ᄒᆞ미 기린이라. 칠, 팔셰되ᄆᆡ 서칙의 칙미ᄒᆞ야 예모정절을 일삼으니 회힝을 일읍이 층송 안이 하 리 업더라.

잇ᄃᆡ 삼천동 이할임이라 하난 양반이 잇스되 셰ᄃᆡ명가요, 츙신의 후예라. **일일은** 젼하게옵셔 츙회록을 올여 보시고 츙효자을 틱출ᄒᆞ사 자목지관 임용하실시, 이할임으로 과천 현감의 금산 군슈 이빅ᄒᆞ야 남원 부사 졔슈ᄒᆞ시니, 이할임이 사은숙빅 하직ᄒᆞ고 치힝차려 남원부의 도임ᄒᆞ여 션치민정ᄒᆞ니, 사방의 이리 업고 방곡의 **빅션들은** 더듸 오물 칭송ᄒᆞ다. 강구연월 문동요라 시화연풍ᄒᆞ고 빅셩이 효도ᄒᆞ니 요순 시절이라.

잇씩는 어느 씩뇨, 놀기 조흔 삼춘이라. 호련 비조 뭇 **시들은** 농초화답 짝을 지어 쌍거쌍닉 나러드러 온갖 춘경 닷토난듸 남산화발 북산홍과 천사만사 슈양지의 **황금조는** 벗 부른다. 나무나무 셩임ᄒᆞ고 두견졉동 다 지나니 일연지가졀이라.

잇씩 사또 자제 이도령이 **년광은** 이팔이요, **풍치는** 두목지라. **도량은** 창히갓고 지혜 활달ᄒᆞ고 문장은 이빅이요, **필법은** 왕히지라.

해석

이날부터 목욕재계(沐浴齋戒) 정(淨)히 하고 명산승지(名山勝地) 찾아갈 때 오작교(烏鵲橋) 썩 나서서 좌우산천(左右山川) 둘러보니 서북(西北)의 **교룡산(蛟龍山)은** 술해방(戌亥方)을 막아 있고 **동으로는** 장림(長林) 수

풀 깊은 곳에 **선원사(禪院寺)는** 은은(隱隱)히 보이고 **남으로는** 지리산(智異山)이 웅장(雄壯)한데 그 가운데 **요천수(寥川水)는** 일대(一帶) 장강벽파(長江碧波)되어 동남으로 둘렀으니 별유건곤(別有乾坤) 여기로다. 청림(靑林)을 더위잡고 산수를 밟아 들어가니 지리산(智異山)이 여기로다. 반야봉(般若峰) 올라서서 사면을 둘러보니 명산대천 완연(宛然)하다. 상봉(上峰)에 단(壇)을 무어 제물(祭物)을 진설(陳設)하고 단하에 복지(伏地)하여 천신만고(千辛萬苦) 빌었더니 산신님의 덕이신지, **이때는** 오월(五月) 오일(五日) 갑자(甲子)라 한 꿈을 얻으니 서기(瑞氣) 반공(盤空)하고 오채(五彩) 영롱(玲瓏)하더니 일위선녀(一位仙女) 청학을 타고 오는데 머리에 화관(花冠)이요 **몸에는** 채의(彩衣)로다. 월패(月佩)소리 쟁쟁하고 **손에는** 계화일지(桂花一枝)를 들고 당(堂)에 오르며 거수장읍(擧手長揖)하고 공순(恭順)히 여쭈오되,

"낙포(洛浦)의 딸이더니 반도(蟠桃) 진상(進上) 옥경(玉京) 갔다 광한전(廣寒殿)에서 적송자(赤松子) 만나 미진정회(未盡情懷)하던 차에 시만(時晩)함이 죄가 되어 상제(上帝) 대노(大怒)하사 진토(塵土)에 내치시매 갈 바를 모르더니, 두류산 신령(神靈)께서 부인 댁으로 지시하기로 왔사오니 어여삐 여기소서."

하며 품으로 달려들새 **학지고성(鶴之高聲)은** 장경고(長頸故)라 학의 소리에 놀라 깨니 남가일몽(南柯一夢)이라. 황홀한 정신을 진정(鎭定)하여 가군과 몽사(夢事)를 설화(說話)하고 천행(天幸)으로 남자를 낳을까 기다리더니, 과연 그 달부터 태기(胎氣) 있어 십삭(十朔)이 당하매 **일일(一日)은** 향기 만실(滿室)하고 채운(彩雲)이 영롱(玲瓏)하더니 혼미(昏迷) 중에 생산하니 일개 옥녀(玉女)를 낳았나니 월매의 일구월심(日久月深) 기리던 마음 **남자는** 못 낳았으되 잠깐 동안 풀리는구나. 그 **사랑함은** 어찌 다 형언(形言)하리. 이름을 춘향이라 부르면서 장중보옥(掌中寶玉)같이 길러내니 효행(孝行)이 무쌍(無雙)이요, 인자함이 기린(麒麟)이라. 칠,팔 세 되매 서책(書冊)에 착미(著味)하여 예모정절(禮貌貞節)을 일삼으니 효행을 일

읍(一邑)이 칭송 아니 할 이 없더라.

이때 삼청동(三淸洞) 이한림(李翰林)이라 하는 양반이 있으되 세대명가(世代名家)요, 충신의 후예라. **일일(一日)**은 전하께옵서 충효록(忠孝錄)을 올려 보시고 충효자를 택출(擇出)하사 자목지관(字牧之官) 임용하실 새, 이한림으로 과천 현감(縣監)에 금산 군수(郡守) 이배(移拜)하여 남원부사(府使) 제수(除授)하시니, 이한림이 사은숙배(謝恩肅拜) 하직하고 치행(治行)차려 남원부에 도임하여 선치민정(善治民情)하니, 사방에 일이 없고 방곡의 **백성들은** 더디 옴을 칭송한다. 강구연월 문동요(康衢烟月 聞童謠)라. 시화연풍(時和年豊)하고 백성이 효도하니 요순(堯舜)시절이라.

이때는 어느 때뇨, 놀기 좋은 삼춘(三春)이라. 호연(胡燕) 비조(翡鳥) 뭇 **새들은** 농초화답(弄草和答) 짝을 지어 쌍거쌍래(雙去雙來) 날아들어 온갖 춘정 다투는데 남산화발 북산홍(南山花發 北山紅)과 천사만사 수양지(千絲萬絲 垂楊枝)에(서) **황금조(黃金鳥)는** 벗 부른다. 나무나무 성림(成林)하고 두견 접동 다 지나니 일년지가절(一年之佳節)이라.

이때 사또 자제 이도령이 **연광(年光)은** 이팔이요, **풍채는** 두목지(杜牧之)라. **도량은** 창해(滄海)같고 지혜 활달하고 **문장은** 이백(李白)이요, **필법은** 왕희지(王羲之)라.

이 글에 나타난 '-는' 어미를 문단별로 나누어 모두 보이면 다음과 같이 스무 번 정도 나타난다. 처음에는 지명과 방향에, 그 다음에는 춘향이 태어나는 상황, 이어서 사또의 등장을 알리는 설명이다.

교룡산은, 선원사는, 동으로는, 남으로는, 요천수는, 이때는, 몸에는, 손에는,
학지고성은, 일일은, 남자는, 사랑함은,
일일은, 백성들은,
이때는, 새들은, 황금조(黃金鳥)는,
연광(年光)은, 풍채는, 도량은, 문장은, 필법은

여기서도 오늘날과 '-는' 어미의 용도가 다를 바 없이 사용되고 있음을 볼 수 있다. 이 글에서 처음 확인되는 바는 '동으로는'과 '남으로는'에 나타나듯 '-으로' 다음에 '-는'이 첨가되었다는 점이다. 즉 '-는'의 무차별적 첨가를 확인할 수 있는 대목이다.

맺음말

이 글은 시의 의미장이 '-는, -ㄴ다'에 의해 드러난다는 가정하에 시적 이미지가 거주하는 장소[토포스(topos)로 칭하기도 한다]를 살피는 일로 시작하였다. '-는'이 전체집합을 알려준다는 것을 전제로 어미에 따라 규정되는 여러 집합이 있음을 보았다. 시조와 시뿐만 아니라 대중가요와 산문에 나타나는 의미장을 분석해 보고 옛글에 나타나는 '-는'을 살펴보았다. 그러는 가운데 '-는'의 잘못된 사용을 여러 번 지적하였다. 옛글의 경우 원문에 없는 '-는'이 현대어로 옮기는 과정에서 첨가되는 경우를 여러 번 보았다. 이렇게 시뿐만 아니라 여러 장르의 글을 살펴봄으로써 한국어에서 어미가 지니는 여러 가지 다양한 현상에 접근할 수 있었다. 시의 의미장에서 시작한 것이 언어학 분야로 들어서게 된 감이 없지 않다. 그러나 이는 언어학자가 아니더라도 관심을 가져야 할 우리말의 한 측면이다. 시와 산문을 쓰거나 읽으면서 '-는'의 정확한 사용에 대한 관심은 필수적이기 때문이다.

지금까지 논의한 것을 정리하면 다음과 같다.

1) 우리말에서는 단어의 뒤에 오는 어미가 그 단어의 문법적 기능을 결정한다.

2) 그러나 어미 앞에 나타나는 단어들의 모임이라는 관점에서 보자면 어미는 앞 단어의 집합적 성격을 규정한다.

3) '-는, -도, -만, -와, -나 -나, -야, -부터, -까지…'는 전체집합, 부분집합, 여집합, 합집합, 교집합, 대립항, 정렬집합 등을 결정한다.

4) 어미 앞의 단어가 '누구, 아무, 그래, 어찌' 등과 같이 특수한 경우 어미와의 결합은 가능하기도 하고 불가능하기도 하다.[22]

5) 어미 중에는 공집합을 지시하는 경우가 있다.

6) 공집합을 지시하는 어미와 4)의 특수한 집합의 결합은 가능한 경우도 있고 불가능한 경우도 있다.

어미가 공집합을 지시하는 경우 파격적인 설명이므로 이에 대해 요약하기로 한다. 다음 예문을 보기로 한다.

7) 나는 오늘 학교에 간다.

이 문장은 '나는'과 '간다'가 두 개의 '-는'을 가짐으로써 의미장이 결정된다고 앞에서 설명하였다. 그리고 '-는'이 다른 곳으로 옮겨 갈 수 있음도 말했다. 즉, '내가 오늘은 학교에 간다'도 가능하고 '내가 오늘 학교에는 간다'도 가능하다. 그러나 '간다'에는 이미 '-는(ㄴ)'이 붙어 있기 때문에 추가될 수 없다. '간다'를 독립된 의미장으로 만들고 싶다면 다음과 같은 문장을 만들어야 한다.

8-1) 나는 오늘 학교에 가기는 한다.

이 문장에는 '-는'이 세 번 나타나 바람직하지 않다. 그럼에도 이와 같은 문장을 주변에서 흔하게 찾아볼 수 있는 것은 '-는'에 대한 규범이 그간 명확하지 않았기 때문이다. '나는 오늘 학교에 가기는'을 부문장이라 할 경우, 일반적으로 부문장 안에 '-는'이 나타나는 것은 잘못이라고 말할 수 있다. 그 이유는 주문장 안에 '-는'이 두 개 있을 경우 한 문장 안에 모두 세 개의 '-는'이 나타나 이들의 관계가 불명확해지기 때문이다. 즉 8-1)에서 '나는 … 한다'와 '가기는 한다'의 선택이 결정되어 있지 않다. 만일 '나는 … 한다'가 이 문장의 의미장이라고 한다면 이때 '가기는'의 '-는'은 '가기를'의 '-를'을 대신하여 첨가된 것으로 볼 수 있다.[23] 따라서 이 문장은 다음과 같이 되어야 한다.

8) 내가 오늘 학교에 가기는 한다.

위 문장은 '가기는'과 '한다'의 두 개의 '-는'이 의미장을 만들어 정확한 의미를 전달한다. '한다'를 부정문 '못 한다'로 만들 경우 '가기는'이 '가지는'으로 바뀌어야 한다. 그렇다면 '가기는'과 '가지는'은 다음과 같이 실명할 수 있다.

9) '가기는'은 뒤에 긍정문을 지시하고 '가지는'은 뒤에 부정문을 지시한다.

그러나 다음과 같이 설명할 수도 있다.

10) '가기'의 '-기'는 공집합을 제외한 원소를 지시하고, '가지'의 '-지'는 공집합을 지시한다.

9)과 10)은 다음과 같은 차이가 있다. 글을 읽어 나가는 시간을 시점을 설정하여 생각하면, 9)는 현재의 상황이 미래를 결정하는 것이고 10)은 현재의 상황이 과거를 결정하는 것이다. 어미가 그것이 붙어 있는 앞의 단어를 결정한다는 관점에서 보면(즉, 과거를 결정한다는 관점에서 보자면) 10)의 설명을 택할 수 있고, 어미가 문장 전체를 결정한다는 관점(즉, 미래를 결정한다는 관점)에서 보면 9)의 설명을 택할 수 있다.[24)]

공집합을 설정하고 설명하는 것이 편한 경우가 4)에서도 발견된다. '누구'와 '아무' 둘의 차이만 살펴보기로 한다. '-는, -도, -만, -나, -야' 등의 여러 어미와 긍정/부정 후행의 사용 가능 여부를 살펴본다.

11) 누구는 간다(○) 누구는 안 간다(○)
아무는 간다(×) 아무는 안 간다(×)

누구도 간다(○) 누구도 안 간다(○)
아무도 간다(×) 아무도 안 간다(○)

누구만 간다(○) 누구만 안 간다(○)
아무만 간다(×) 아무만 안 간다(×)

누구나 간다(○) 누구나 안 간다(○)
아무나 간다(○) 아무나 안 간다(○)

누구야 간다(○) 누구야 안 간다(○)
아무야 간다(×) 아무야 안 간다(×)

이렇게 살펴봄으로써 '누구, 아무' 등의 성격이 드러날 수 있고, 어미 첨가의 옳고 그름이 명확해진다. 이로 인해 '누구'와 '아무'는 모두 결정되지 않은 대상을 지칭하는 단어이지만, 그 성격이 좀 다르다는 점을 알 수 있다. 이를 집합 용어로 설명하면 더욱 편리하다. 위 예문 11)에 근거해 도표화하면 다음과 같다.

12)

	누구	**아무**
전체집합(-는)	긍정/부정 모두 가능,	긍정/부정 모두 불가능
부분집합(-도)	긍정/부정 모두 가능,	부정만 가능
여집합(-만)	긍정/부정 모두 가능,	긍정/부정 모두 불가능
교집합(-나)	긍정/부정 모두 가능,	긍정/부정 모두 가능
대립항집합(-야)	긍정/부정 모두 가능,	긍정/부정 모두 불가능

그리고 위의 결론을 정리하면 다음과 같다.

13) '누구'는 일반 단어와 다를 바 없다. 그러나 '아무'는 부분집합의 부정과 교집합의 긍정·부정에서만 가능하다. 따라서 '아무'는 부분집합일 경우 공집합이 되며, 교집합이 될 경우 일반 단어와 같아진다.

앞서 '누구, 아무, 그래, 어찌'에서 '그래'가 들어간 것에 대해 의아해할 수 있을 것이다. '그래'는 사전적으로 '그리하여' 또는 '그러하여'의 줄인 말이지만, 그 뒤에 '-는, -도, -만, -나, -야' 등의 어미가 온다는 점에서 한번 다른 시선으로 바라본 것이다. 이와 같은 사용은 구어에서 자연스럽게 나타난다. '그래는, 그래도, 그래만, 그러나, 그래야' 등은 어미를 첨가한 결과라고 생각된다.[25)]

어미는 한국말을 외국어로 배우는 사람에게 상당히 어렵게 여겨진다. 대충 의사소통을 하는 데에는 어려움이 없지만, 어미 사용의 어려움은 한국어를 모국어로 사용하는 사람이 상상하기 어려운 정도라고 한다. 어미에 따라 이야기하고 있는 장소(의미장)가 달라지고 그 의미장이 무차별적으로 이동할 수 있기 때문이다.

이처럼 어미와 관련된 어려움을 집합의 관점에서 살펴보는 것이 이 책의 목적이었다. 애초에는 시와 산문의 의미장을 규명해 보려는 시도에서 시작한 글이 여러 문제를 제기함으로써 논의의 폭이 넓어진 감이 없지 않다. 이 책의 주장이 학계의 새로운 연구에 이정표가 되기를 기대한다.

1) 이 책에서 '어미'는 조사와 어미를 포괄적으로 칭한다. 조사의 개념을 부정하는 것이 아니라 조사에서 떠올리는 여러 분류(주격, 처격, 여격, 목적격 등)의 개념을 전제로 하지 않기 위해 편의상 사용한 것이다.

2) 『국어 특수조사 신연구』(홍사만, 2002)는 특수조사에 대한 연구로서 가장 포괄적인 연구다. 이 책에 의하면, 특수조사를 적게는 10개(이석규: 1995), 많게는 27개(이원근: 1996)나 되고, 특수조사만 다룬 것은 아니지만 44개로 추산한 경우도 있다(허웅, 1995). 특수조사를 결정하는 기준인 ① 어사 관련 통합 제약, ② 가의성과 문법 제약의 범위, ③ 격에 대한 통용성 등 여러 규정에 맞추어 검토하여 {는} {도} {만} {뿐} {조차} {까지} {마저} {야} {나} {든지} {라도} {나마} {부터} {밖에} {마다} {ㄴ들} {야말로}의 17개를 특수조사로 삼는다. 사용의 예에서 공통적인 의미를 추정하여 특수조사의 개념을 설정한 것이다. 이러한 개념정의 방법은 가장 올바른 규정 방법이지만 오용, 확산적 사용, 혼용적 사용 등이 실제 언어생활에서 굳어져 있기 때문에 이런 오용이 복잡한 양태에 휘말릴 위험을 어느 정도 내포하고 있다.

3) '–나, –나'의 경우 '너나 가라'에서 볼 수 있듯이 '–나' 하나만 나타나는 경우가 흔하다. '–나, –나'를 '너나 나나 가야 한다'에서 '나나'를 생략한 어법이라고 파악하고자 한다.

대립항을 전제로 하는 '–야'의 경우는 다음과 같이 설명하면 이해하기 쉽다. 홀수 토요일은 수업을 하고 짝수 토요일에 휴교하는 상황에서 초·중·고 학생들이 '오늘이 홂 토야?'라고 묻는 것은 '놀 토'라는 대립항이 화자의 발화 의식 안에 들어와 있음을 뜻한다. 다시 말해 그러한 상황이 주어지지 않은 화요일에 대해 '오늘이 불 화야?' 하고 묻는 것은 의미가 없기 때문이다.

4) 들뢰즈는 음소, 형태소, 의미소 등의 구별이 일어나는 단계가 유아의 신체 안에 범람하는 소음들이 상호 규정적인 놓임을 갈라지게 하는 시점에서 발생하는 것으로 설명한다(들뢰즈, 1999: 27, 28계열).

5) 예를 들어, 음운 간의 위상 중 'ㄱ, ㅗ, ㅏ'는 연결되어 '과'를 만들지만 'ㄱ, ㅜ, ㅏ'는 위상을 만들지 못한다. 다시 말해 한글에 없는 글자가 된다. 또한 우리말 단어인 '사, 람'은 음운과 음운이 연결되는 위상을 만들어 사용되는 경우에 해당되지만('사, 람'), 영어 등의 외국말에서 이루어지는 음운 연결(strike, 스, 트, 라, 이, 크)은 한국어에서는 사용되지 않는다. 즉, 그 음운들 간의 위상은 한국어에 없는 셈이다. '스, 트, 라, 이, 크' 중 '이크'는 우리말에 음운 연결이

있다고 볼 수 있다.

6) 지금까지 '는'의 의미 분석에 사용된 개념은 전제체계(presuppositional system)와 화제-평언 구조(topic-comment structure)의 두 가지였다. 전자는 '내가 간다면'이라고 할 때에 나타나는 '-는(ㄴ)'의 기능이다. '어제는'에서 '는'은 어제 일어난 일을 전제한다는 뜻이다. 화제-평언 구조는 자연언어의 서술문에서 서술되는 것을 나타낸 부분(topic)과 서술하는 부분(comment)으로 나누어짐에 근거한 설명이다(홍사만, 2002: 147).

'-는'이 문장의 첫머리가 아니라 중간에 나타나면 대조의 기능을 지닌다는 것이 지금까지의 통설이다. '많은 사람은 파티에 왔다'는 화제의 경우고, '많은 사람은 파티에 왔지만, 재미있는 사람은 한 사람도 없었다'는 대조의 경우다(홍사만, 2002: 179). 이때 '많은 사람은 파티에 왔다'는 비문(非文)이다. '-은'을 어미로 가진 단어는 전체집합이므로 '많은'이라는 형용사를 붙이는 것은 의미론적으로 오류다. 문장을 읽어 보면 잘못된 것을 느낄 수 있다. 즉 '-는 … 는다'가 의미장을 결정한다는 점에서 보자면 앞 문장의 '-은'은 나타나서는 안 된다. 따라서 '많은 사람이 파티에 왔지만, 재미있는 사람은 한 사람도 없었다'가 바른 문장이다.

대조를 설명하면서 '수잔은 아들을 낳았고, 메리는 아들을 낳았다'(홍사만, 2002: 181)는 대조를 이루지 않는 두 개의 문장이 '는'에 의해 병렬되었기 때문에 비문이라고 그동안 설명해 왔다. 그러나 그러한 설명보다 '-는 … 는다'가 의미장을 확립한다는 관점에서 보는 것이 바람직하다. 앞뒤 문장의 서술부인 '아들을 낳았다(낳는다)'가 동일함에도 불구하고 앞에 '-는'이 두 개가 나타났기 때문이다. 즉, 하나의 '-는다' 서술부 앞에는 하나의 전체집합('-는')이 나타나야 한다.

전체집합은 영어로 universal set이다. 'universal'이라는 단어가 전제체계(presuppositional system)와 화제-평언 구조(topic-comment structure)를 내포하는 의미를 지니는 것으로 이해할 수 있다. 즉 universal은 universe에서 유래한 말이므로 우주, 즉 그 바깥이 없음을 뜻하기 때문이다.

7) '이다'와 '있다'는 우리말에서는 다른 단어다. 그러나 영어(be), 불어(être), 독일어(sein)에서는 한 단어로 사용된다. 일본어에서도 'ある'는 '내가 있다(私がある)'의 뜻으로 사용됨과 동시에 '나는 소년이다(私は少年である)'라는 의미로도 쓰인다. '-がある'는 '-가 있다'의 뜻이고 '-である'는 '-이다'의 뜻으로 쓰인다(야나부 아키라, 2003: 109).

8) '나는 간다'에서 '나'를 주어로 정의하기가 어렵다는 것은 '나는 사람이다'의

부정문을 만들어 보면 알 수 있다. '나는 사람이다'의 부정문은 '나는 사람이 아니다(안 이다)'이다. 따라서 '나는 사람이다'의 숨어 있는 구성을 '나는 사람 이 이다'로 볼 수 있다. 그러므로 '나는'의 '-는'은 '-이'로 표시되는 주어와는 다른 차원의 문법적 형태다. 다음과 같이 생각해 볼 수도 있다. '나는 사람이다'의 부정문을 '나는 아니 사람이다'(줄여서 '나는 안 사람이다')로 보는 것이다. 이는 '나는 간다'의 부정문이 '나는 가지 않는다'와 '나는 안 간다'라는 사실과 연관시켜 볼 필요가 있다. 즉 '나는 사람이 아니다'는 '나는 가지 않는다'와 같은 형태이고 '나는 안 사람이다'는 '나는 안 간다'와 같은 형태로 생각할 수 있다.

9) 문법적으로는 한 단어가 형용사로도 쓰이고 명사로도 쓰인다고 설명되겠지만, 다음과 같이 설명할 수도 있다. 예를 들면, 새벽에 날이 밝아오는 모습을 동적으로 서술하기 위해 형용사인 '밝다'가 '날이 밝는다'(동사)로 쓰인다고 설명하는 것이다. 만일 새벽에 하늘이 흰색에서 푸른색으로 변화하는 과정이 극명한 색의 대조로 나타난다면 '하늘이 푸른다'도 쓰였을지 모른다. '날씨가 흐리다' 역시 이 경우에 속한다. '흐리다'는 형용사이지만, '날씨가 흐린다'에서 보듯 동사처럼 쓰일 수 있기 때문이다. 이에 비해 자연적 현상이 극명하지 않은 때문인지 '날이 맑는다'는 자연스럽게 쓰이지 않는다. 형용사가 동사의 모습으로 쓰이듯, 동사가 형용사의 모습으로 쓰이는 것을 볼 수 있다. 동사의 원형이 쓰이는 경우 형용사적인 느낌을 준다. '나무들 비탈에 서다'라든지, '내일 장도에 오르다'는 말에서 '서다, 오르다'는 형용사적인 느낌을 준다.

영어에서도 동사와 형용사의 연관성을 찾아볼 수 있다. 'clear, sharp (sharpen), flat' 등 많은 형용사가 동사로도 쓰인다. sharp는 그 자체가 동사로 쓰이지만 sharpen으로 쓰이기도 한다. 우리말에서 '넓나'와 '넓히나'와 유사하다고 할 것이다.

들뢰즈에 의하면 소음의 인식에서 의미 있는 목소리로 계열화될 때에 의미 부여는 동사를 형성하는데 이때 동사는 시제가 정해지지 않은 부정형이라고 말한다(들뢰즈, 1999: 28계열). 즉 '간다, 갔다'가 아니라 '가다'의 의미 영역이 성립된다는 것이다. 이런 점에서 우리말의 형용사 역시 이 범주에 속한다고 보아야 할 것이다. 우리말에서 동사의 부정형과 형용사는 형태적으로 구별이 안 되기 때문이다.

10) 이후 '~(이)가•, ~(을)를•, ~(이)다•'에서 '(이), (을), (이)'는 생략한다.

11) '갈래?', '먹을래?'의 경우 의문부호가 없는 '나는 갈래', '나는 먹을래'에서처럼 끝을 낮추어 말하는 문장이 성립한다는 반론이 가능하다. '갈래?'는 '갈래? 안

갈래?'에 대한 대답으로 선택된 '나는 갈래'일 것이다. 그리고 이는 대립항을 내포하는 대립항 집합의 어미인 '-야'에서 유래된 것으로 보인다. '갈래?'는 '갈 거야?'와 같은 뜻이고 '갈 거야?'는 '-야?'를 포함하고 있기 때문이다. 이것이 '갈 것이야 → 갈 거야 → 갈야 → 갈래'로 변화한 것으로 파악하는 것이다.

12) '아직이다', '그건 너무다'처럼 부사 뒤에 '~다'가 연결되는 것은 예전에는 금기였던 것으로 보인다. 이에 대해 부사는 현재, 과거, 미래라는 시제를 필요로 하지 않기 때문이라고 추론해 볼 수 있다.

13) '아주 좋은'에서 '아주'와 '좋은'의 강한 연결을 위해 '• 아주~, • 좋은 •' 또는 '• 아주 •, ~좋은 •'으로 설정할 수 있다. 이 역시 문장 전체의 계층이 아니라 단어보다 한 계층 높은 단어의 연결 계층의 논의이다. 공집합의 한쪽 또는 양쪽이 개집합이 될 수 있는가의 문제는 수학적인 문제이므로 논의를 피한다. 다만 공집합은 길이 또는 값이 없는 것이므로 한쪽 또는 양쪽이 개집합이라고 볼 수 없다고 한다면 지금 우리가 설정한 공집합을 다음과 같이 정의할 수도 있다. 즉 소리만 없는 무성의 어미라고 정의하는 것이다. 좀 억지스럽지만 모순을 피할 수 있다. 또한 형용사의 경우 '-는' 어미를 가지고 있는 단어가 뒤에 오는 명사를 수식할 때, 즉 '푸른'의 뒤를 개집합으로 설정하지 않은 것에 대해 부사와 관련해서 모순이라고 지적할 수 있을 것이다. 이를 인정한다. 그러나 여기서 단어 수식 차원과 문장 차원의 '-는'의 역할을 분리하여 생각하지 않기로 함으로써 생기는 모순으로 이해해 주기를 바란다. 복잡성을 피하기 위한 것이다. 연결에 대한 위상이론이 일반화되면 단어 차원의 계층과 문장 구성성분 차원의 계층을 구별해 논의할 수 있을 것이다.

14) 어간 '먹-'과 다음 단어 사이에 '지'가 삽입된 것이 음운 연결 차원에서 일어난 변화에 불과하다면, 다시 말해 '먹 않고'가 발음상 불편해 '지'가 첨가된 것으로 볼 경우 '지'를 의미적 차원에서 공집합으로 설명하는 것은 잘못이다. 그러나 음운 변화에서 일어난 것이 의미적 차원에서 굳어지고 '지'가 의미적 차원에서 새로운 기능을 획득한 것으로 볼 수도 있다. 여하간, '지'가 공집합을 지시하는 의미로 보는 것이 더 간단명료한 설명이다.

15) 둘이 같은 이유를 설명해 보자. 다음 벤다이어그램 (A)를 변형시켜 (B)로 만들어 본다. (B)는 {안다}가 전체집합 밖으로 나와 있기 때문에 잘못된 벤다이어그램이다. 따라서 (C)와 같이 되어야 한다. (C)는 가상의 또는 허구의 전체집합 안에 들어가야 하기 때문에 (D)와 같은 벤다이어그램이 되어야 한다. 즉 (A)와 (D)는 같은 것이다.

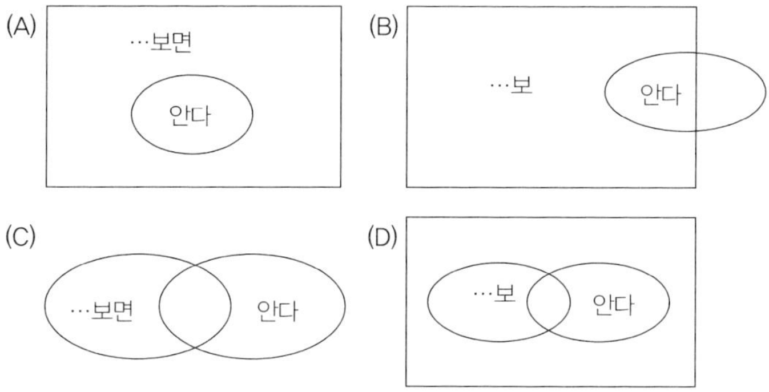

16) 7-5조를 드러내 보이기 위해 〈진달래꽃〉 원문의 행을 조절하였다.

17) 여러 텍스트를 살펴보면 '이별은'을 '이별을'로 표기한 것이 더 많다.

18) '원천으로' 역시 '원천을'로 표기한 것이 더 많다.

19) 30장에서 '뒤에는 모진 도둑… 앞에는 어두운 길에…'와 '뒤에는 모진 짐승… 앞에는 깊은 못에…'에서 보듯 명사가 아닌 '-에' 뒤에 첨가되는 예를 보았다. 현대 국어 문법에서는 격조사 '에'에 보조사 '는'이 결합한 것으로 파악한다.

20) 월인 기 52에 보이는 '車匿이 蹇特이ᄂᆞᆫ'에서 '車匿이와 蹇特이ᄂᆞᆫ'으로 표기하지 않은 것이 눈에 띈다. 이에 대해서는 주석서(허웅 · 이강로, 1999)에도 언급이 없으므로 의문으로 남겨두기로 한다.

21) '字ᄅᆞᆫ'은 '글자는'으로 옮겼으나 '相對ᄒᆞ얀'에서 '-ᄒᆞ얀'이 '-하여서는'으로 바뀌는 형태 변화는 내가 설명할 수 있는 범위를 벗어나 있다.

22) 이는 하위 분류의 '복합 배열 순위' 개념으로 설명된다(홍시만, 2002). 그러나 '누구, 아무' 뒤에 오는 특수어미에 대해서는 상세히 검토되지 않았다.

23) 다시 말해 이 문장은 '나는 오늘 학교에 가기를 한다'라고 보는 것이다. 이 문장이 어색하면 '나는 오늘 학교에 가기조차 한다'가 가능하다는 것을 생각하면 된다.

24) '-지' 뒤에 부정문이 온다는 것이 부정 형태의 구문이 나타난다는 뜻인지, 내용적으로 부정적인 의미가 나타난다는 것인지 구별할 필요가 있다. '안다'의 경우 부정의 뜻으로 '모른다'라는 독립된 단어가 있기 때문에 이 단어를 사용할 경우 문법적인 부정 구문이 나타난다고 보기 어렵다. '-지' 뒤에 문법적 부정이 나타나는 것이 원칙이라면, '모른다'는 '못 안다'의 준말이라고 생각해야 할 것이다. 뒤에 내용적인 부정문이 올 수 있다고 정의한다면, '-지'가 그 앞

의 단어를 공집합으로 지시한다는 설명이 더 타당하다. 그럴 경우 '혼자 갈지 모른다'가 설명될 수 있다. 그러나 '있다'의 내용적 부정인 '없다' 앞에는 '-지'를 어미로 갖는 동사가 나타날 수 없다. 즉 '혼자 가기 없다'는 성립되지만, '혼자 가지 없다'는 성립되지 않는다. 반면 '혼자 가지 못한다(않는다)'는 성립된다. '먼저 먹기 있다/없다'에서 보듯 '없다'는 그 앞에 '-지'가 나타나지 않는 것으로 보아야 할 것이다. '-지'가 공집합을 지시한다는 것을 타당성 있게 설명하기 위해서는 '없다' 자체가 공집합을 직접적으로 의미하기 때문에 중복을 피한다고 설명해야 할 것이다.

25) '그러나'의 경우 독립된 단어의 느낌이 강해서 어미 '-나'에 대한 느낌이 없어졌지만 원래는 '그러나 저러나'에서 보듯 '-나 -나'의 형태가 아닌가 하는 가정을 해 볼 수 있다. 교집합을 지시하는 두 개의 어미 중 뒤에 오는 것이 생략된 것으로 보는 것이다. '그랬니(그러-했니)'에서 보듯 '그렇다, 그리고, 그러나, 그래서, 그렇게' 등의 어간을 '그러-' 또는 '그리-'로 보고, 어간 '그러-'에 '-는, -도, -만'을 첨가하면 '그래는(그렇게는), 그래도, 그래만(그렇게만)'으로 된다고 보는 것이다. '-나, -야'의 경우는 '그러나, 그래야'로 나타난다. '그러나 저러나'의 앞부분이 생략되고 뒷부분만 쓰인다면, 아마도 '저래는(저렇게는), 저래도, 저래만(저렇게만)'이 '-는, -도, -만'의 어미가 적용된 경우다. '그러나'가 독자적인 단어로 쓰이는 반면, '저러나'가 그처럼 사용되지 않는 것은 언어사용 관습에 기인한 것으로 생각된다. 다시 말하면 '그러나 나는 말했습니다'는 통용되지만, '저러나 나는 말했습니다'와 같은 표현을 쓰지 않는 것은 관습 때문이다. '그래야'는 '저래야'를 대립항으로 발화의식 안에 담고 있는 경우라고 봐야 할 것이다.

참고문헌

도서

Boltyanskiĭ, V. G. and V. A. Efremovich. 2001. *Intuitive Combinatorial Topology* (tr. by Abe Shenitzer). New York: Springer Verlag.

Munkres, J. R. 1975. *Topology: A First Course*. New Jersey: Prentice Hall, Inc.

Pontryagin, L. S. 1952. *Foundation of Combinatorial Topology*. New York: Graylock Press.

Smith, B. Ed. 1996. *Topology for Philosopher* (Monist, 1996, vol. 79). La Salle, Illinois: Open Courts.

계명대학교출판부. 2000. 『杜詩諺解(영인본)』. 계명대학교출판부.

고영근 외. 2003. 『월인천강지곡의 텍스트 분석』. 집문당.

기형도. 1999. 『기형도 전집』. 문학과지성사.

김수영. 2003. 『김수영 전집 1·2』. 민음사.

서우석. 1981. 『시와 리듬』. 문학과지성사.

서우석. 2010. 『음악을 본다』. 서울대학교출판문화원.

아름출판사 편집부. 2006. 『가요 반세기』. 아름출판사.

야나부 아키라. 2003. 『번역어 성립사정』(서혜경 옮김). 일빛.

이상. 2009. 『이상 전집 1·2』(권영민 편). 웅진씽크빅.
이석래. 2009. 『경판 춘향전 완판 열녀춘향수절가』. 범우출판사.
이익섭. 2005. 『한국어 문법』. 서울대학교출판부.
조규태. 2007. 『용비어천가』. 신구문화사.
질 들뢰즈. 1999. 『의미의 논리』(이정우 옮김). 한길사.
질 들뢰즈. 2004. 『차이와 반복』(김상환 옮김). 민음사.
허웅·이강로. 1999. 『월인천강지곡』. 한국문화사.
홍사만. 2002. 『국어 특수조사 신연구』. 역락.

인터넷 사이트

시백과(http://www.poemlove.co.kr/).
조인스 인터넷 신문(http://www.joins.com/).
조선일보(http://www.chosun.com/).
한겨레신문(http://www.hani.co.kr/).

찾아보기

[ㅁ]

[ㅂ]

[ㅅ]

[ㅇ]

[ㅈ]

[ㅊ]

[ㅌ]

[ㅍ]

[ㅎ]

Abstract

Topos in Poems and Prose

Surh, Usoc

One of the characteristics that is unique to Korean grammar is the existence of a special particle, which describes a particular instance of topicalization in the universe. Written as '는'(*-neun*), it is affixed at the end of a word to give it a subjective topic known to both parties. This book explains how this particle can be affixed at the end of a word belonging to any part of speech, such as '나'(I), '오늘'(today), '학교'(school), '간다'(go); this makes combinations of four such cases possible.

1) **나는**, 오늘, 학교, 간다(**I,** today, school, go)
2) 나, **오늘은**, 학교, 간다(I, **today**, school, go)
3) 나, 오늘, **학교는**, 간다(I, today, **school**, go)
4) 나, 오늘, 학교, **가기는** 한다(I, today, school, **go**)

This definition of '-는'(*-neun*) sets a common ground of the explaination of presuppositional and topic-comment. When we agree on this definition of '-는'(*-neun*) as the universal set conception, then we can survey on how this can be applied on realms of subset, intersection, complementary set, etc. I have defined '-는' as the universal set, '-도'(*-do*) as the subset, '-나, -나' (*-na*, *-na*) as the intersection, '-만'(*-man*) as the complementary set. We can name the well-ordered set as '-부터'(*-buteo*), '-까지'(*-kkaji*).

Until now, I focused on one account of the subject '-는'(*-neun*). However, using multiple accounts of '-는'(*-neun*) makes topos of meaning in Korean sentence. In the cases below, one '-는'(*-neun*) has a position on the subject part and the other on the description part. I have surveyed various contemporary and ancient poems as well as prose and pop songs. I will make case for both good and bad sentences on the view point of semio-topos (topos of meaning) by using '-는'(*-neun*).

Examples of using of two '-는'(*-neun*) are:

1) **나는**, 오늘, 학교, **간다**(**I**, today, school, **go**)
2) 나, **오늘은** 학교, **간다**(I, **today**, school, **go**)
3) 나, 오늘 **학교는**, **간다**(I, today, **school**, **go**)
4) 나, 오늘 학교, **가기는 한다**(I, today, school, **go, do**)

So when we define '-는'(*-neun*) as ending-word indicating universe in set theory, it can be agreed upon as being compatible with the traditional norm of presupposition and topic-comment of '-는'(*-neun*).